BIBLIOTHÈQUE
CHRÉTIENNE ET MORALE,

PUBLIÉE AVEC APPROBATION

DE Mgr L'EVÊQUE DE LIMOGES.

CHEFS-D'OEUVRE

DE

JEAN ET LOUIS RACINE.

PREMIÈRE REPRÉSENTATION D'ESTHER PAR LES DEMOISELLES DE S^T CYR.
EN 1689

CHEFS-D'ŒUVRE

DE

JEAN ET LOUIS RACINE.

LIMOGES.

BARBOU FRÈRES, IMPRIMEURS-LIBRAIRES.

—

1851

Jean RACINE, né à la Ferté-Milon, en 1639, d'une famille noble, fut élevé à Port-Royal-des-Champs. Son goût dominant était pour les poètes tragiques. Il allait souvent se perdre dans les bois de l'abbaye, un *Euripide* à la main · il cherchait dès-lors à l'imiter. Après avoir fait ses humanités à Port-Royal, et sa philosophie au collége d'Harcourt, il débuta dans le monde par une ode sur le mariage du roi de France. On lui doit plusieurs pièces de théâtre célèbres, que, revenu aux pratiques de la piété chrétienne, il regretta d'avoir publiées. La religion l'avait enlevé à la poésie; la religion l'y ramena. Mme de Maintenon le pria de faire une pièce sainte, qui pût être jouée à Saint-Cyr; il en fit deux, *Esther* et *Athalie*, qui sont de vrais chefs-d'œuvre. Il mourut en 1699, à l'âge de 60 ans, laissant un fils dont les belles-lettres nous ont conservé le nom.

ESTHER,

TRAGÉDIE EN TROIS ACTES,

TIRÉE DE L'ÉCRITURE SAINTE,

PAR JEAN RACINE.

PERSONNAGES.

PROLOGUE. — LA PIÉTÉ.

Assuérus, roi de Perse.
Esther, reine de Perse.
Mardochée, oncle d'Esther.
Aman, favori d'Assuérus.
Zarès, femme d'Aman.
Hidaspe, officier du palais intérieur d'Assuérus.
Asaph, autre officier d'Assuérus.
Élise, confidente d'Esther.
Thamar, Israélite de la suite d'Esther.
Gardes du roi Assuérus.
Chœur de jeunes filles israélites.

La scène est à Suse, dans le palais d'Assuérus.

PROLOGUE.

LA PIÉTÉ

Du séjour bienheureux de la Divinité,
Je descends dans ce lieu (1) par la grâce habité.
L'Innocence s'y plaît, ma compagne éternelle,
Et n'a point sous les cieux d'asile plus fidèle.
Ici, loin du tumulte, aux devoirs les plus saints
Tout un peuple naissant est formé par mes mains.
Je nourris dans son cœur la sentence féconde
Des vertus dont il doit sanctifier le monde.
Un roi qui me protége, un roi victorieux,
A commis à mes soins ce dépôt précieux.
C'est lui qui rassembla ces colombes timides,

---

(1) La maison de Saint-Cyr.

Eparses en cent lieux, sans secours et sans guides.
Pour elles, à sa perte, élevant ce palais,
Il leur y fit trouver l'abondance et la paix.
Grand Dieu, que cet ouvrage ait place en ta mémoire!
Que tous les soins qu'il prend pour soutenir ta gloire
Soient gravés de ta main au livre où sont écrits
Les noms prédestinés des rois que tu chéris!
Tu m'écoutes. Ma voix ne t'est point étrangère.
Je suis la Piété, cette fille si chère,
Qui t'offre de ce roi les plus tendres soupirs;
Du feu de ton amour j'allume ses désirs.
Du zèle qui pour toi l'enflamme et le dévore,
La chaleur se répand du couchant à l'aurore.
Tu le vois tout le jour devant toi prosterné,
Humilier ce front de splendeur couronné;
Et, confondant l'orgueil par d'augustes exemples,
Baiser avec respect le pavé de tes temples.
De ta gloire animé, lui seul de tant de rois,
S'arme pour ta querelle et combat pour tes droits.
Le perfide Intérêt, l'aveugle Jalousie
S'unissent contre toi pour l'affreuse Hérésie;
La discorde en fureur frémit de toutes parts;
Tout semble abandonner les sacrés étendards :
Et l'Enfer couvrant tout de ses vapeurs funèbres,
Sur les yeux les plus saints a jeté ses ténèbres;
Lui seul invariable, et fondé sur la foi,
Ne cherche, ne regarde, et n'écoute que toi,
Et, bravant du démon l'impuissant artifice,
De la Religion soutient tout l'édifice.
Grand Dieu, juge ta cause, et déploie aujourd'hui
Ce bras, ce même bras qui combattait pour lui,

Lorsque des nations à sa perte animées
Le Rhin vit tant de fois disperser les armées.
Des mêmes ennemis je reconnais l'orgueil.
Ils viennent se briser contre le même écueil.
Déjà rompant partout leurs plus fermes barrières,
Du débris de leurs forts il couvre ses frontières.

Tu lui donnas un fils prompt à le seconder,
Qui sait combattre, plaire, obéir, commander ;
Un fils qui, comme lui, suivi de la victoire,
Semble à gagner son cœur borner toute sa gloire ;
Un fils à tous ses vœux avec amour soumis,
L'éternel désespoir de tous ses ennemis.
Pareil à ces esprits que ta justice envoie,
Quand son roi lui dit : Pars ; il s'élance avec joie,
Du tonnerre vengeur semble tout embraser,
Et tranquille, à ses pieds, revient le déposer.
Mais tandis qu'un grand roi venge ainsi mes injures,
Vous qui goûtez ici des délices si pures,
S'il permet à son cœur un moment de repos,
A vos jeux innocents appelez ce héros.
Retracez-lui d'Esther l'histoire glorieuse,
Et sur l'impiété la foi victorieuse.

Et vous, qui vous plaisez aux folles passions
Qu'allument dans vos cœurs les vaines fictions,
Profanes amateurs de spectacles frivoles,
Dont l'oreille s'ennuie au son de mes paroles,
Fuyez de mes plaisirs la sainte austérité :
Tout respire ici Dieu, la paix, la vérité.

ACTE PREMIER.

Le théâtre représente l'appartement d'Esther.

SCÈNE PREMIÈRE.

ESTHER, ÉLISE.

ESTHER.

Est-ce toi, chère Elise? O jour trois fois heureux !
Que béni soit le ciel qui te rend à mes vœux !
Toi qui, de Benjamin comme moi descendue,
Fus de mes jeunes ans la compagne assidue,
Et qui, d'un même joug souffrant l'oppression,
M'aidais à soupirer les malheurs de Sion.
Combien ce temps encore est cher à ma mémoire !
Mais toi, de ton Esther ignorais-tu la gloire ?
Depuis plus de six mois que je te fis chercher,
Quel climat, quel désert a donc pu te cacher ?

ÉLISE.

Au bruit de votre mort justement éplorée,
Du reste des humains je vivais séparée,
Et de mes tristes jours n'attendais que la fin,
Quand tout-à-coup, Madame, un prophète divin :
« C'est pleurer trop long-temps une mort qui t'abuse;
» Lève-toi, m'a-t-il dit, prends ton chemin vers Suse.
» Là, tu verras d'Esther la pompe et les honneurs,
» Et sur le trône assis le sujet de tes pleurs.
» Rassure, ajouta-t-il, les tribus alarmées :
» Sion, le jour approche où le Dieu des armées
» Va de son bras puissant faire éclater l'appui,
» Et le cri de son peuple est monté jusqu'à lui. »
Il dit. Et moi, de joie et d'honneur pénétrée,
Je cours. De ce palais j'ai su trouver l'entrée.
O spectacle! ô triomphe admirable à mes yeux,
Digne en effet du bras qui sauva nos aïeux!
Le fier Assuérus couronne sa captive,
Et le Persan est aux pieds d'une Juive.
Par quels secrets ressorts, par quel enchaînement
Le ciel a-t-il conduit ce grand événement?

ESTHER.

Peut-être on t'a conté la fameuse disgrâce
De l'altière Vasthi dont j'occupe la place.
Lorsque le roi contre elle enflammé de dépit,
La chassa de son trône ainsi que de son lit :
Mais il ne put sitôt en bannir la pensée.
Vasthi régna long-temps dans son âme offensée.

Dans ses nombreux Etats il fallut donc chercher
Quelque nouvel objet qui l'en pût détacher.
De l'Inde à l'Hellespont ses esclaves coururent;
Les filles de l'Egypte à Suse comparurent.
Celles même du Parthe et du Scythe indompté
Y briguèrent le sceptre offert à la beauté.
On m'élevait alors solitaire et cachée,
Sous les yeux vigilants du sage Mardochée.
Tu sais combien je dois à ses heureux secours.
La mort m'avait ravi les auteurs de mes jours;
Mais lui, voyant en moi la fille de son frère,
Me tint lieu, chère Elise, et de père et de mère.
Du triste état des Juifs jour et nuit agité;
Il me tira du sein de mon obscurité;
Et sur mes faibles mains fondant leur délivrance,
Il me fit d'un empire accepter l'espérance.
A ses desseins secrets, tremblante, j'obéis.
Je vins; mais je cachais ma race et mon pays.
Qui pourrait cependant t'exprimer les cabales
Que formait en ces lieux ce peuple de rivales,
Qui toutes, disputant un si grand intérêt,
Des yeux d'Assuérus attendaient leur arrêt!
Chacune avait sa brigue et de puissants suffrages;
L'une d'un sang fameux vantait les avantages;
L'autre, pour se parer de superbes atours,
Des plus adroites mains empruntait le secours;
Et moi, pour toute brigue et pour tout artifice,
De mes larmes au ciel j'offrais le sacrifice.
   Enfin, on m'annonça l'ordre d'Assuérus.
Devant ce fier monarque, Elise, je parus.
Dieu tient le cœur des rois entre ses mains puissantes;

2

Il fait que tout prospère aux âmes innocentes,
Tandis qu'en ses projets l'orgueilleux est trompé.
De mes faibles attraits le roi parut frappé :
Il m'observa long-temps dans un morne silence ;
Et le ciel, qui pour moi fit pencher la balance,
Dans ce temps-là sans doute agissait sur son cœur.
Enfin avec des yeux où régnait la douceur :
Soyez reine, dit-il, et dès ce moment même
De sa main sur mon front posa son diadème.
Pour mieux faire éclater sa joie et son amour,
Il combla de présents tous les grands de sa cour ;
Et même ses bienfaits, dans toutes ses provinces,
Invitèrent le peuple aux noces de leurs princes.

Hélas ! durant ces jours de joie et de festins,
Quelle était en secret ma honte et mes chagrins !
Esther, disais-je, Esther dans la pourpre est assise,
La moitié de la terre à son sceptre est soumise,
Et de Jérusalem l'herbe cache les murs !
Sion, repaire affreux de reptiles impurs,
Voit de son temple saint les pierres dispersées,
Et du Dieu d'Israël les fêtes sont cessées !

ÉLISE.

N'avez-vous point au roi confié vos ennuis ?

ESTHER.

Le roi, jusqu'à présent, ignore qui je suis.
Celui par qui le ciel règle ma destinée,
Sur ce secret encore tient ma langue enchaînée.

ÉLISE.

Mardochée ? Et peut-il approcher de ces lieux ?

ESTHER.

Son amitié pour moi le rend ingénieux.
Absent, je le consulte, et ses réponses sages
Pour venir jusqu'à moi trouvent mille passages.
Un père a moins de soins du salut de son fils.
Déjà même, déjà, par ses secrets avis,
J'ai découvert au roi les sanglantes pratiques
Que formaient contre lui deux ingrats domestiques.
Cependant mon amour pour notre nation
A rempli ce palais des filles de Sion,
Jeunes et tendres fleurs, par le sort agitées,
Sous un ciel étranger comme moi transplantées.
Dans un lieu séparé de profanes témoins,
Je mets, à les former, mon étude et mes soins :
Et c'est là que fuyant l'orgueil du diadème,
Lasse de vains honneurs, et me cherchant moi-même,
Aux pieds de l'Eternel je viens m'humilier,
Et goûter le plaisir de me faire oublier.
Mais à tous les Persans je cache leurs familles.
Il faut les appeler. Venez, venez, mes filles,
Compagnes autrefois de ma captivité,
De l'antique Jacob jeune postérité.

SCENE II.

ESTHER, ÉLISE, le choeur.

Une des Israélites chante derrière le théâtre.

Ma sœur, quelle voix nous appelle ?

Une autre.

J'en reconnais les agréables sons :
C'est la reine.

Toutes deux.

Courons, mes sœurs, obéissons.
La reine nous appelle.
Allons, rangeons-nous auprès d'elle.

Tout le chœur entrant sur la scène par plusieurs endroits différents.

La reine nous appelle ;
Allons, rangeons-nous auprès d'elle.

ÉLISE.

Ciel ! quel nombreux essaim d'innocentes beautés
S'offre à mes yeux en foule, et sort de tous côtés !
Quelle aimable pudeur sur leur visage est peinte !
Prospérez, cher espoir d'une nation sainte.

Puissent jusques au ciel vos soupirs innocents
Monter comme l'odeur d'un agréable encens !
Que Dieu jette sur vous des regards pacifiques.

ESTHER.

Mes filles, chantez-nous quelqu'un de ces cantiques
Où vos voix, si souvent se mêlant à mes pleurs,
De la triste Sion célèbrent les malheurs.

Une Israélite seule chante.

Déplorable Sion, qu'as-tu fait de ta gloire ?
   Tout l'univers admirait ta splendeur ;
Tu n'es plus que poussière, et de cette grandeur
Il ne nous reste plus que la triste mémoire.
Sion, jusques au ciel élevée autrefois,
   Jusqu'aux enfers maintenant abaissée,
     Puissé-je demeurer sans voix,
   Si dans mes chants ta douleur retracée,
Jusqu'au dernier soupir n'occupe ma pensée !

Tout le chœur.

O rives du Jourdain ! ô champs aimés des cieux,
    Sacrés monts, fertiles vallées
    Par cent miracles signalées !
    Du doux pays de nos aïeux
    Serons-nous toujours exilées ?

Une Israélite seule.

Quand verrai-je, ô Sion, relever tes remparts,
   Et de tes tours les magnifiques faîtes !
    Quand verrai-je, de toutes parts,
Tes peuples, en chantant, accourir à tes fêtes !

Tout le chœur.

O rives du Jourdain ! ô champs aimés des cieux !
    Sacrés monts, fertiles vallées
    Par cent miracles signalées !
    Du doux pays de nos aïeux
    Serons-nous toujours exilées ?

SCENE III.

ESTHER, MARDOCHÉE, ÉLISE, LE CHOEUR.

ESTHER.

Quel profane en ce lieu s'ose avancer vers nous ?
Que vois-je ? Mardochée ! O mon père, est-ce vous ?
Un ange du Seigneur sous son aile sacrée
A donc conduit vos pas et caché votre entrée ?
Mais d'où vient cet air sombre et ce cilice affreux,
Et cette cendre enfin qui couvre vos cheveux ?
Que nous annoncez-vous ?

MARDOCHÉE.

      O reine infortunée !

O d'un peuple innocent barbare destinée !
Lisez, lisez l'arrêt détestable, cruel.
Nous sommes tous perdus, et c'est fait d'Israël.

ESTHER.

Juste ciel ! tout mon sang dans mes veines se glace.

MARDOCHÉE.

On doit de tous les Juifs exterminer la race;
Au sanguinaire Aman nous sommes tous livrés.
Les glaives, les couteaux sont déjà préparés.
Toute la nation à la fois est proscrite.
Aman, l'impie Aman, race d'Amalécite,
A pour ce coup funeste armé tout son crédit,
Et le roi trop crédule a signé cet édit.
Prévenu contre nous par cette bouche impure,
Il nous croit en horreur à toute la nature.
Ses ordres sont donnés, et dans tous ses Etats
Le jour fatal est pris pour tant d'assassinats.
Cieux ! éclairerez-vous cet horrible carnage !
Le fer ne connaîtra ni le sexe, ni l'âge ;
Tout doit servir de proie aux tigres, aux vautours.
Et ce jour effroyable arrive dans dix jours.

ESTHER.

O Dieu ! qui vois former des desseins si funestes,
As-tu donc de Jacob abandonné les restes?

Une des plus jeunes Israélites.

Ciel ! qui nous défendra, si tu ne nous défends ?

MARDOCHÉE.

Laissez les pleurs, Esther, à ces jeunes enfants.
En vous est tout l'espoir de vos malheureux frères ;
Il faut les secourir. Mais les heures sont chères ;
Le temps vole, et bientôt amènera le jour,
Où le nom des Hébreux doit périr sans retour.
Toute pleine du feu de tant de saints prophètes,
Allez, osez au roi déclarer qui vous êtes.

ESTHER.

Hélas ! ignorez-vous quelles sévères lois
Aux timides mortels cachent ici les rois ?
Au fond de leurs palais leur majesté terrible
Affecte à leurs sujets de se rendre invisible ;
Et la mort est le prix de tout audacieux
Qui sans être appelé se présente à leurs yeux,
Si le roi dans l'instant, pour sauver le coupable,
Ne lui donne à baiser son sceptre redoutable.
Rien ne met à l'abri de cet ordre fatal,
Ni le rang, ni le sexe ; et le crime est égal.
Moi-même, sur son trône à ses côtés assise,
Je suis à cette loi comme une autre soumise ;
Et, sans le prévenir, il faut pour lui parler
Qu'il me cherche, ou du moins qu'il me fasse appeler.

MARDOCHÉE.

Quoi ! lorsque vous voyez périr votre patrie,
Pour quelque chose, Esther, vous comptez votre vie !
Dieu parle ; et d'un mortel vous craignez le courroux !
Que dis-je ? votre vie, Esther, est-elle à vous ?
N'est-elle pas au sang dont vous êtes issue ?
N'est-elle pas à Dieu dont vous l'avez reçue ?
Et qui sait, lorsqu'au trône il conduisit vos pas,
Si pour sauver son peuple il ne vous gardait pas ?
  Songez-y bien : ce Dieu ne vous a pas choisie
Pour être un vain spectacle aux peuples de l'Asie,
Ni pour charmer les yeux des profanes humains :
Pour un plus noble usage il réserve ses saints.
S'immoler pour son nom et pour son héritage,
D'un enfant d'Israël voilà le vrai partage.
Trop heureuse pour lui de hasarder vos jours !
Et quel besoin son bras a-t-il de nos secours ?
Que peuvent contre lui tous les rois de la terre ?
En vain ils s'uniraient pour lui faire la guerre :
Pour dissiper leur ligue il n'a qu'à se montrer ;
Il parle, et dans la poudre il les fait tous rentrer.
Au seul son de sa voix la mer fuit, le ciel tremble :
Il voit comme un néant tout l'univers ensemble ;
Et les faibles mortels, vains jouets du trépas,
Sont tous devant ses yeux comme s'ils n'étaient pas.
S'il a permis d'Aman l'audace criminelle,
Sans doute qu'il voulait éprouver notre zèle.
C'est lui qui m'excitant à vous oser chercher,
Devant moi, chère Esther, a bien voulu marcher ;
Et, s'il faut que sa voix frappe en vain vos oreilles,

Nous n'en verrons pas moins éclater ses merveilles.
Il peut confondre Aman, il peut briser nos fers
Par la plus faible main qui soit dans l'univers :
Et vous, qui n'aurez point accepté cette grâce,
Vous périrez peut-être et toute votre race.

ESTHER.

Allez. Que tous les Juifs dans Suse répandus,
A prier avec vous jour et nuit assidus,
Me prêtent de leurs vœux le secours salutaire,
Et pendant ces trois jours gardent un jeûne austère.
Déjà la sombre nuit a commencé son tour :
Demain, quand le soleil rallumera le jour,
Contente de périr, s'il faut que je périsse,
J'irai pour mon pays m'offrir en sacrifice.
Qu'on s'éloigne un moment.

(Le chœur se retire au fond du théâtre.)

SCÈNE IV.

ESTHER, ÉLISE, LE CHOEUR.

ESTHER.

O mon souverain roi,
Me voici donc tremblante et seule devant toi !
Mon père mille fois m'a dit dans son enfance
Qu'avec nous tu juras une sainte alliance,
Quand, pour te faire un peuple agréable à tes yeux,
Il plut à ton amour de choisir nos aïeux.
Même tu leur promis de ta bouche sacrée
Une postérité d'éternelle durée.

Hélas! ce peuple ingrat a méprisé ta loi.
La nation chérie a violé sa foi.
Elle a répudié son époux et son père,
Pour rendre à d'autres dieux un hommage adultère.
Maintenant elle sert sous un maître étranger,
Mais c'est peu d'être esclave, on la veut égorger.
Nos superbes vainqueurs, insultant à nos larmes,
Imputent à leurs dieux le bonheur de leurs armes,
Et veulent aujourd'hui qu'un même coup mortel
Abolisse ton nom, ton peuple et ton autel.
Ainsi donc un perfide, après tant de miracles,
Pourrait anéantir la foi de tes oracles;
Ravirait aux mortels le plus cher de tes dons,
Le saint que tu promets, et que nous attendons!
Non, non, ne souffre pas que ces peuples farouches,
Ivres de notre sang, ferment les seules bouches
Qui dans tout l'univers célèrent tes bienfaits,
Et confonds tous ces dieux qui ne furent jamais.
Pour moi, que tu retiens parmi ces infidèles,
Tu sais combien je hais leurs fêtes criminelles,
Et que je mets au rang des profanations
Leurs tables, leurs festins et leurs libations;
Que même cette pompe où je suis condamnée,
Ce bandeau dont il faut que je paraisse ornée
Dans ces jours solennels à l'orgueil dédiés,
Seule, et dans le secret, je le foule à mes pieds;
Qu'à ces vains ornements je préfère la cendre,
Et n'ai de goût qu'aux pleurs que tu me vois répandre.
J'attendais le moment marqué dans ton arrêt.
Pour oser de ton peuple embrasser l'intérêt
Ce moment est venu. Ma prompte obéissance

Va d'un roi redoutable affronter la présence.
C'est pour toi que je marche. Accompagne mes pas
Devant ce fier lion qui ne te connaît pas.
Commande, en me voyant, que son courroux s'apaise,
Et prête à mes discours un charme qui lui plaise.
Les orages, les vents, les cieux te sont soumis.
Tourne enfin sa fureur contre nos ennemis.

SCÈNE V.

LE CHOEUR.

(Toute cette scène est chantée.)

Une Israélite seule.

Pleurons et gémissons, mes fidèles compagnes,
   A nos sanglots donnons un libre cours.
   Levons les yeux vers les saintes montagnes
   D'où l'innocent attend tout son secours.
     O mortelles alarmes!
Tout Israël périt. Pleurez, mes tristes yeux ;
   Il ne fut jamais sous les cieux
   Un si juste sujet de larmes.

Tout le chœur.

O mortelles alarmes!

Une autre Israélite.

N'était-ce pas assez qu'un vainqueur odieux
De l'auguste Sion eût détruit tous les charmes,

Et traîné ses enfants captifs en mille lieux!

Tout le chœur.

O mortelles alarmes!

La même Israélite.

Faibles agneaux, livrés à des loups furieux,
Nos soupirs sont nos seules armes!

Tout le chœur.

O mortelles alarmes!

Une des Israélites.

Arrachons, déchirons tous ces vains ornements
Qui parent notre tête.

Une autre.

Revêtons-nous d'habillements
Conformes à l'horrible fête
Que l'impie Aman nous apprête.

Tout le chœur.

Arrachons, déchirons tous ces vains ornements
Qui parent notre tête.

Une Israélite seule.

Quel carnage de toutes parts!

On égorge à la fois les enfants, les vieillards,
Et la sœur et le frère,
Et la fille et la mère.
Le fils dans les bras de son père.
Que de corps entassés! Que de membres épars
Privés de sépulture!
Grand Dieu! tes saints sont la pâture
Des tigres et des léopards.

Une des plus jeunes Israélites.

Hélas! si jeune encore!
Par quel crime ai-je pu mériter mon malheur?
Ma vie à peine a commencé d'éclore.
Je tomberai comme une fleur
Qui n'a vu qu'une aurore.
Hélas! si jeune encore,
Par quel crime ai-je pu mériter mon malheur?

Une autre.

Des offenses d'autrui malheureuses victimes,
Que nous servent, hélas! ces regrets superflus!
Nos pères ont péché, nos pères ne sont plus,
Et nous portons la peine de leurs crimes.

Tout le chœur.

Le Dieu que nous servons est le Dieu des combats.
Non, non, il ne souffrira pas
Qu'on égorge ainsi l'innocence.

Une Israélite seule.

Eh quoi! dirait l'impiété,
Où donc est-il ce Dieu si redouté
Dont Israël nous vantait la puissance?

Une autre.

Ce Dieu jaloux, ce Dieu victorieux,
Frémissez, peuples de la terre;
Ce Dieu jaloux, ce Dieu victorieux
Est le seul qui commande aux cieux.
Ni les éclairs, ni le tonnerre,
N'obéissent point à vos dieux.

Une autre.

Il renverse l'audacieux.

Une autre.

Il prend l'humble sous sa défense.

Tout le chœur.

Le Dieu que nous servons est le Dieu des combats.
Non, non, il ne souffrira pas
Qu'on égorge ainsi l'innocence.

Deux Israélites.

O Dieu que la gloire couronne,

Dieu, que la lumière environne,
Qui vole sur l'aile des vents,
Et dont le trône est porté par les anges !

Deux autres des plus jeunes.

Dieu, qui veut bien que de simples enfants
Avec eux chantent les louanges !

Tout le chœur.

Tu vois nos pressants dangers :
Donne à ton nom la victoire.
Ne souffre point que ta gloire
Passe à des dieux étrangers.

Une Israélite seule.

Arme-toi, viens nous défendre.
Descends tel qu'autrefois la mer te vit descendre.
Que les méchants apprennent aujourd'hui
A craindre ta colère.
Qu'ils soient comme la poudre et la paille légère
Que le vent chasse devant lui.

Tout le chœur.

Tu vois nos pressants dangers :
Donne à ton nom la victoire.
Ne souffre point que ta gloire
Passe à des dieux étragers.

Fin du premier Acte.

ACTE DEUXIÈME.

Le théâtre représente la chambre où est le trône d'Assuérus.

SCÈNE PREMIÈRE.

AMAN, HIDASPE.

AMAN.

En quoi! lorsque le jour ne commence qu'à luire,
Dans ce lieu redoutable oses-tu m'introduire.

HIDASPE.

Vous savez qu'on s'en peut reposer sur ma foi ;
Que ces portes, seigneur, n'obéissent qu'à moi.
Venez. Partout ailleurs on pourrait nous entendre.

AMAN.

Quel est donc le secret que tu me veux apprendre ?

HIDASHE.

Seigneur, de vos bienfaits mille fois honoré,
Je me souviens toujours que je vous ai juré
D'exposer à vos yeux, par des avis sincères,
Tout ce que ce palais renferme de mystères.
Le roi d'un noir chagrin parait enveloppé.
Quelque songe effrayant cette nuit l'a frappé.
Pendant que tout gardait un silence paisible,
Sa voix s'est fait entendre avec un cri terrible.
J'ai couru. Le désordre était dans son discours :
Il s'est plaint d'un péril qui menaçait ses jours :
Il parlait d'ennemi, de ravisseur farouche;
Même le nom d'Esther est sorti de sa bouche.
Il a dans ces horreurs passé toute la nuit.
Enfin, las d'appeler un sommeil qui le fuit,
Pour écarter de lui ces images funèbres,
Il s'est fait apporter ces annales célèbres
Où les faits de son règne, avec soin amassés,
Par de fidèles mains chaque jour sont tracés ;
On y conserve écrits le service et l'offense :
Monuments éternels d'amour et de vengeance.
Le roi, que j'ai laissé plus calme dans son lit,
D'une oreilles attentive écoute ce récit.

AMAN.

De quel temps de sa vie a-t-il choisi l'histoire !

HIDASPE.

Il revoit tous ces temps si remplis de sa gloire,
Depuis le fameux jour qu'au trône de Cyrus
Le choix du sort plaça l'heureux Assuérus.

AMAN.

Ce songe, Hidaspe, est donc sorti de son idée?

HIDASPE.

Entre tous les devins fameux de la Chaldée,
Il a fait assembler ceux qui savent le mieux
Lire en un songe obscur les volontés des cieux...
Mais quel trouble vous-même aujourd'hui vous agite?
Votre âme, en m'écoutant, paraît tout interdite;
L'heureux Aman a-t-il quelques secrets ennuis!

AMAN.

Peux-tu le demander? Dans la place où je suis,
Haï, craint, envié, souvent plus misérable
Que tous les malheureux que mon pouvoir accable?

HIDASPE.

Eh! qui jamais du ciel eut des regards plus doux?
Vous voyez l'univers prosterné devant vous.

AMAN.

L'univers! Tous les jours un homme... un vil esclave

D'un front audacieux me dédaigne et me brave.

HIDASPE.

Quel est cet ennemi de l'état et du roi?

AMAN.

Le nom de Mardochée est-il connu de toi?

HIDASPE.

Qui? ce chef d'une race abominable, impie?

AMAN.

Oui, lui-même.

HIDASPE.

Eh! seigneur, d'une si belle vie
Un si faible ennemi peut-il troubler la paix?

AMAN.

L'insolent devant moi ne se courba jamais.
En vain de la faveur du plus grand des monarques
Tout révère à genoux les glorieuses marques;
Lorsque d'un saint respect tout les Persans touchés,
N'osent lever leurs fronts à la terre attachés,
Lui, fièrement assis, et la tête immobile,
Traite tous ces honneurs d'impiété servile,
Présente à mes regards un front séditieux,
Et ne daignerait pas au moins baisser les yeux.
Du palais cependant il assiége la porte,

A quelque heure que j'entre, Hidaspe, ou que je sorte,
Son visage odieux m'afflige et me poursuit ;
Et mon esprit troublé le voit encor la nuit.
Ce matin j'ai voulu devancer la lumière,
Je l'ai trouvé couvert d'une affreuse poussière,
Revêtu de lambeaux, tout pâle; mais son œil
Conservait sous la cendre encor le même orgueil.
D'où lui vient, cher ami, cette imprudente audace!
Toi, qui dans ce palais vois tout ce qui se passe,
Crois-tu que quelque voix ose parler pour lui ?
Sur quel roseau fragile a-t-il mis son appui ?

HIDASPE.

Seigneur, vous le savez, son avis salutaire
Découvrit de Tharès le complot sanguinaire.
Le roi promit alors de le récompenser ;
Le roi, depuis ce temps, paraît n'y plus penser.

AMAN.

Non, il faut à tes yeux dépouiller l'artifice.
J'ai su de mon destin corriger l'injustice.
Dans les mains des Persans jeune enfant apporté,
Je gouverne l'empire où je fus acheté.
Les richesses des rois égalent l'opulence.
Environné d'enfants, soutiens de ma puissance,
Il ne manque à mon front que le bandeau royal :
Cependant (des mortels aveuglement fatal!)
De cet amas d'honneurs la douceur passagère,
Fait sur mon cœur à peine une atteinte légère.
Mais Mardochée, assis aux portes du palais,

Dans ce cœur malheureux enfonce mille traits ;
Et toute ma grandeur me devient insipide,
Tandis que le soleil éclaire ce perfide.

HIDASPE.

Vous serez de sa vue affranchi dans six jours,
La nation entière est promise aux vautours.

AMAN.

Ah! que ce temps est long à mon impatience!
C'est lui, je te veux bien confier ma vengeance,
C'est lui qui, devant moi refusant de ployer,
Les a livrés au bras qui les va foudroyer.
C'était trop peu pour moi d'une telle victime :
La vengeance trop faible attire un second crime;
Un homme tel qu'Aman, lorsqu'on l'ose irriter,
Dans sa juste fureur ne peut trop éclater.
Il faut des châtiments dont l'univers frémisse ;
Qu'on tremble en comparant l'offense et le supplice;
Que les peuples entiers dans le sang soient noyés.
Je veux qu'on dise un jour aux siècles effrayés :
Il fut des Juifs ; il fut une insolente race;
Répandus sur la terre, ils en couvraient la face ;
Un seul osa d'Aman attirer le courroux;
Aussitôt de la terre ils disparurent tous.

HIDASPE.

Ce n'est donc pas, seigneur, le sang amalécite
Dont la voix à les perdre en secret vous excite?

AMAN.

Je sais que, descendu de ce sang malheureux,

Une éternelle haine a dû m'armer contre eux ;
Qu'ils firent d'Amalec un indigne carnage ;
Que, jusqu'aux vils troupeaux, tout éprouva leur rage,
Qu'un déplorable reste à peine fut sauvé :
Mais, crois-moi, dans le rang où je suis élevé,
Mon âme, à ma grandeur tout entière attachée,
Des intérêts du sang est faiblement touchée.
Mardochée est coupable ; et que faut-il de plus ?
Je préviens donc contre eux l'esprit d'Assuérus ;
J'inventai des couleurs ; j'armai la calomnie ;
J'intéressai sa gloire ; il trembla pour sa vie ;
Je les peignis puissants, riches, séditieux ;
Leur Dieu même ennemi de tous les autres dieux.
Jusqu'à quand souffre-t-on que ce peuple respire ?
Et d'un culte profane infecte votre empire ?
Etrangers dans la Perse, à nos lois opposés,
Du reste des humains ils semblent divisés,
N'aspirent qu'à troubler le repos où nous sommes,
Et, détestés partout, détestent tous les hommes.
Prévenez, punissez leurs insolents efforts ;
De leur dépouille, enfin, grossissez vos trésors.
Je dis ; et l'on me crut. Le roi, dès l'heure même,
Mit dans sa main le sceau de son pouvoir suprême.
Assure, me dit-il, le repos de ton roi ;
Va, perds ces malheureux, leur dépouille est à toi.
Toute la nation fut ainsi condamnée.
Du carnage avec lui je réglai la journée.
Mais de ce traître enfin le trépas différé
Fait trop souffrir mon cœur de son sang altéré.
Un je ne sais quel trouble empoisonne ma joie.
Pourquoi dix jours encore faut-il que je le voie !

HIDASPE.

Et ne pouvez-vous pas d'un mot l'exterminer?
Dites au roi, seigneur, de vous l'abandonner.

AMAN.

Je viens pour épier le moment favorable.
Tu connais, comme moi, ce prince inexorable ;
Tu sais combien terrible en ses soudains transports,
De nos desseins souvent il rompt tous les ressorts.
Mais à me tourmenter ma crainte est trop subtile :
Mardochée à ses yeux est une âme trop vile.

HIDASPE.

Que tardez-vous? Allez, et faites promptement
Elever de sa mort le honteux instrument.

AMAN.

J'entends du bruit, je sors. Toi, si le roi m'appelle...

HIDASPE.

Il suffit.

SCENE II.

ASSUÉRUS, HIDASPE, ASAPH.

Suite d'Assuérus.

ASSUÉRUS.

Ainsi donc sans cet avis fidèle
Deux traitres dans son lit assassinaient leur roi.
Qu'on me laisse, et qu'Asaph seule demeure avec moi.

SCENE III.

ASSUÉRUS, ASAPH.

ASSUÉRUS, *assis sur son trône.*

Je veux bien l'avouer, de ce couple perfide
J'avais presque oublié l'attentat parricide;
Et j'ai pâli deux fois au terrible récit
Qui vient d'en retracer l'image à mon esprit.
Je vois de quel succès leur fureur fut suivie,
Et que dans les tourments ils laissèrent la vie.
Mais ce sujet zélé, qui d'un œil si subtil
Sut de leur noir complot développer le fil,
Qui me montra sur moi leur main déjà levée,
Enfin par qui la Perse avec moi fut sauvée,
Quel honneur pour sa foi, quel prix a-t-il reçu ?

ASAPH.

On lui promit beaucoup, c'est tout ce que j'ai su.

ASSUÉRUS.

Oh! d'un si grand service oubli trop condamnable !
Des embarras du trône effet inévitable !
De soins tumultueux un prince environné
Vers de nouveaux objets est sans cesse entraîné.
L'avenir l'inquiète et le présent le frappe.
Mais plus prompt que l'éclair le passé nous échappe ;
Et de tant de mortels à toute heure empressés
A nous faire valoir leurs soins intéressés,
Il ne s'en trouve point qui, touchés d'un vrai zèle,
Prennent à notre gloire un intérêt fidèle,
Du mérite oublié nous fassent souvenir,
Trop prompts à nous parler de ce qu'il faut punir.
Ah! que plutôt l'injure échappe à ma vengeance,
Qu'un si rare bienfait à ma reconnaissance !
Et qui voudrait jamais s'exposer pour son roi ?
Ce mortel qui montra tant de zèle pour moi
Vit-il encore ?

ASAPH.

Il voit l'astre qui vous éclaire.

ASSUÉRUS.

Et que n'a-t-il plus tôt demandé son salaire !
Quel pays reculé le cache à mes bienfaits ?

ASAPH.

Assis le plus souvent aux portes du palais,
Sans se plaindre de vous ni de sa destinée,
Il y traîne, seigneur, sa vie infortunée.

ASSUÉRUS.

Et je dois d'autant moins oublier sa vertu,
Qu'elle même s'oublie. Il se nomme, dis-tu ?

ASAPH.

Mardochée est le nom que je viens de vous lire.

ASSUÉRUS.

Et son pays ?

ASAPH.

Seigneur, puisqu'il faut vous le dire,
C'est un de ces captifs à périr destinés,
Des rives du Jourdain sur l'Euphrate amenés.

ASSUÉRUS.

Il est donc Juif! O ciel! sur le point que la vie
Par mes propres sujets m'allait être ravie,
Un Juif rend par ses soins leurs efforts impuissants !
Un Juif m'a préservé du glaive des Persans !
Mais, puisqu'il m'a sauvé, quel qu'il soit, il n'importe.
Holà, quelqu'un.

SCENE IV.

ASSUÉRUS, HIDASPE, ASAPH.

HIDASPE.

Seigneur!

ASSUÉRUS.

Regarde à cette porte ;
Vois s'il s'offre à tes yeux quelque grand de ma cour.

HIDASPE.

Aman à votre porte a devancé le jour.

ASSUÉRUS.

Qu'il entre. Ses avis m'éclaireront peut-être.

SCÈNE V.

ASSUÉRUS, AMAN, HIDASPE.

ASSUÉRUS.

Approche, heureux appui du trône de ton maitre,
Ame de mes conseils, et qui seul, tant de fois,
Du sceptre dans ma main a soulagé le poids.
Un reproche secret embarrasse mon âme.

Je sais combien est pur le zèle qui t'enflamme.
Le mensonge jamais n'entra dans tes discours,
Et mon intérêt seul est le but où tu cours.
Dis-moi donc : que doit faire un prince magnanime
Qui veut combler d'honneurs un sujet qu'il estime !
Par quel gage éclatant, et digne d'un grand roi,
Puis-je récompenser le mérite et la foi ?
Ne donne point de borne à ma reconnaissance ;
Mesure tes conseils sur ma vaste puissance.

AMAN, *tout bas*.

C'est pour toi-même, Aman, que tu vas prononcer.
Et quel autre que toi peut-on récompenser ?

ASSUÉRUS.

Que penses-tu ?

AMAN.

     Seigneur, je cherche ; j'envisage
Des monarques persans la conduite et l'usage ;
Mais à mes yeux en vain je les rappelle tous ;
Pour vous régler sur eux que sont-ils près de vous ?
Votre règne aux neveux doit servir de modèle.
Vous voulez d'un sujet reconnaître le zèle ;
L'honneur seul peut flatter un esprit généreux :
Je voudrais donc, seigneur, que ce mortel heureux,
De la pourpre aujourd'hui paré comme vous-même,
Et portant sur le front le sacré diadème,
Sur un de vos coursiers pompeusement orné,

Aux yeux de vos sujets dans Suse fût mené ;
Que, pour comble de gloire et de magnificence,
Un seigneur éminent en richesse, en puissance,
Enfin de votre empire après vous le premier,
Par la bride guidât son superbe coursier ;
Et lui-même marchant en habits magnifiques;
Criât à haute voix dans les places publiques :
Mortels, prosternez-vous ; c'est ainsi que le roi
Honore le mérite et couronne la foi.

ASSUÉRUS.

Je vois que la sagesse elle-même t'inspire.
Avec mes volontés ton sentiment conspire.
Va, ne perds point de temps. Ce que tu m'as dicté,
Je veux de point en point qu'il soit exécuté.
La vertu dans l'oubli ne sera plus cachée.
Aux portes du palais prends le Juif Mardochée ;
C'est lui que je prétends honorer aujourd'hui.
Ordonne son triomphe, et marche devant lui;
Que Suse par ta voix de son nom retentisse,
Et fais à ton aspect que ton genou fléchisse.
Sortez tous.

AMAN.

Dieux !

SCÈNE VI.

ASSUÉRUS, *seul*.

Le prix est sans doute inouï :

Jamais d'un tel honneur un sujet n'a joui.
Mais plus la récompense est grande et glorieuse,
Plus même de ce Juif la race est odieuse,
Plus j'assure ma vie, et montre avec éclat
Combien Assuérus redoute d'être ingrat.
On verra l'innocent discerné du coupable.
Je n'en perdrai pas moins ce peuple abominable.
Leurs crimes...

SCÈNE VII.

ASSUÉRUS, ESTHER, ÉLISE, THAMAR.

PARTIE DU CHOEUR.
(Esther entre s'appuyant sur Elise; quatre Israélites soutiennent sa robe.)

ASSUÉRUS.

Sans mon ordre on porte ici ses pas !
Quel mortel insolent vient chercher le trépas ?
Gardes... C'est vous, Esther. Quoi ! sans être attendue ?

ESTHER.

Mes filles, soutenez votre reine éperdue.
Je me meurs.

(Elle tombe évanouie.)

ASSUÉRUS.

Dieux puissants ! quelle étrange pâleur

De son teint tout-à-coup efface la couleur?
Esther, que craignez-vous? suis-je pas votre frère!
Est-ce pour vous qu'est fait un ordre si sévère?
Vivez : le sceptre d'or que vous tend cette main,
Pour vous de ma clémence est un gage certain.

ESTHER.

Quelle voix salutaire ordonne que je vive,
Et rappelle en mon sein mon âme fugitive?

ASSUÉRUS.

Ne connaissez-vous pas la voix de votre époux?
Encore un coup vivez, et revenez à vous.

ESTHER.

Seigneur, je n'ai jamais contemplé qu'avec crainte
L'auguste majesté sur votre front empreinte.
Jugez combien ce front irrité contre moi,
Dans mon âme troublée a dû jeter d'effroi.
Sur ce trône sacré qu'environne la foudre,
J'ai cru vous voir tout prêt à me réduire en poudre.
Hélas! sans frissonner, quel cœur audacieux
Soutiendrait les éclairs qui partaient de vos yeux?
Ainsi du Dieu vivant la colère étincelle...

ASSUÉRUS.

O soleil! ô flambeaux de lumière immortelle!
Je me trouble moi-même; et sans frémissement

Je ne puis voir sa peine et son saisissement.
Calmez, reine, calmez la frayeur qui vous presse ;
Du cœur d'Assuérus souveraine maîtresse,
Eprouvez seulement son ardente amitié.
Faut-il de mes Etats vous donner la moitié ?

ESTHER.

Eh ! se peut-il qu'un roi craint de la terre entière,
Devant qui tout fléchit et baise la poussière,
Jette sur son esclave un regard si serein,
Et m'offre sur son cœur un pouvoir souverain ?

ASSUÉRUS.

Croyez-moi, chère Esther, ce sceptre, cet empire,
Et ces profonds respects que la terreur inspire,
A leur pompeux éclat mêlent peu de douceur,
Et fatiguent souvent leur triste possesseur.
Je ne trouve qu'en vous je ne sais quelle grâce
Qui me charme toujours et jamais ne me lasse.
De l'aimable vertu doux et puissants attraits !
Tout respire en Esther l'innocence et la paix.
Du chagrin le plus noir elle écarte les ombres,
Et fait des jours sereins de mes jours les plus sombres.
Que dis-je, sur ce trône assis auprès de vous,
Des astres ennemis j'en crains moins le courroux,
Et crois que votre front prête à mon diadème
Un éclat qui le rend respectable aux dieux même.
Osez donc me répondre, et ne me cachez pas
Quel sujet important conduit ici vos pas.

Quel intérêt, quels soins vous agitent, vous pressent?
Je vois qu'en m'écoutant vos yeux au ciel s'adressent.
Parlez, de vos désirs le succès est certain,
Si ce succès dépend d'une mortelle main.

ESTHER.

O bonté qui m'assure autant qu'elle m'honore!
Un intérêt pressant veut que je vous implore.
J'attends ou mon malheur ou ma félicité,
Et tout dépend, seigneur, de votre volonté.
Un mot de votre bouche, en terminant mes peines,
Peut rendre Esther heureuse entre toutes les reines.

ASSUÉRUS.

Ah! que vous enflammez mon désir curieux!

ESTHER.

Seigneur, si j'ai trouvé grâce devant vos yeux,
Si jamais à mes vœux vous fûtes favorable,
Permettez, avant tout, qu'Esther puisse à sa table
Recevoir aujourd'hui son souverain seigneur,
Et qu'Aman soit admis à cet excès d'honneur.
J'oserai devant lui rompre ce grand silence,
Et j'ai pour m'expliquer besoin de sa présence.

ASSUÉRUS.

Dans quelle inquiétude, Esther, vous me jetez!
Toutefois qu'il soit fait comme vous souhaitez.

(A ceux de sa suite.)

Vous, que l'on cherche Aman, et qu'on lui fasse entendre,
Qu'invité par la reine il ait soin de s'y rendre.

SCÈNE VIII.

LES MÊMES, HIDASPE.

HIDASPE.

Les savants Chaldéens, par votre ordre appelés,
Dans cet appartement, seigneur, sont assemblés.

ASSUÉRUS.

Princesse, un songe étrange occupe ma pensée,
Vous-même en leur réponse êtes intéressée.
Venez, derrière un voile écoutant leurs discours,
De vos propres clartés me prêter le secours.
Je crains pour vous, pour moi, quelque ennemi perfide.

ESTHER.

Suis-moi, Thamar. Et vous, troupe jeune et timide,
Sans craindre ici les yeux d'une profane cour,
A l'abri de ce trône attendez mon retour.

SCÈNE IX.

ÉLISE, PARTIE DU CHOEUR.

(Cette scène est partie déclamée sans chant, et partie chantée.)

ÉLISE.

Que vous semble, mes sœurs, de l'état où nous sommes ?
D'Esther, d'Aman, qui le doit emporter ?
Est-ce Dieu, sont-ce les hommes
Dont les œuvres vont éclater ?
Vous avez vu quelle ardente colère
Allumait de ce roi le visage sévère.

Une des Israélites.

Des éclairs de ses yeux l'œil était ébloui.

Une autre.

Et sa voix m'a paru comme un tonnerre horrible.

ÉLISE.

Comment ce courroux si terrible
En un moment s'est-il évanoui ?

Une des Israélites chante.

Un moment a changé ce courage inflexible.
Le lion rugissant est un agneau paisible.
Dieu, notre Dieu sans doute a versé dans son cœur
Cet esprit de douceur.

Tout le chœur.

Dieu, notre Dieu sans doute a versé dans son cœur
Cet esprit de douceur.

La même Israélite chante.

Tel qu'un ruisseau docile
Obéit à la main qui détourne son cours,
Et, laissant de ses eaux partager le secours,
Va rendre tout un champ fertile ;
Dieu, de nos volontés arbitre souverain,
Le cœur des rois est ainsi dans ta main.

ÉLISE.

Ah ! que je crains, mes sœurs, les funestes nuages
Qui de ce prince obscurcissent les yeux !
Comme il est aveuglé du culte de ses dieux !

Une des Israélites.

Il n'atteste jamais que leurs noms odieux.

Une autre.

Aux feux inanimés dont se parent les cieux,
Il rend de profanes hommages.

Une autre.

Tout son palais est plein de leurs images.

Le chœur chante.

Malheureux ! vous quittez le maître des humains,
Pour adorer l'ouvrage de vos mains.

Une Israélite chante.

Dieu d'Israël, dissipe enfin cette ombre.
Des larmes de tes saints quand seras-tu touché !
    Quand sera le voile arraché
Qui sur tout l'univers jette une nuit si sombre !
    Dieu d'Israël, dissipe enfin cette ombre !
    Jusqu'à quand seras-tu caché ?

Une des plus jeunes Israélites.

Parlons plus bas, mes sœurs. Ciel ! si quelque infidèle
Ecoutant nos discours allait nous déceler !
Quoi ! filles d'Abraham, une crainte mortelle
    Semble déjà vous faire chanceler !
Eh ! si l'impie Aman dans sa main homicide,
Faisant luire à vos yeux un glaive menaçant,
    A blasphémer le nom du Tout-Puissant
    Voulait forcer votre bouche timide !

Une autre Israélite.

Peut-être Assuérus frémissant de courroux,
    Si nous ne courbons les genoux
    Devant une muette idole,
    Commandera qu'on nous immole.
    Chère sœur, que choisirez-vous ?

La jeune Israélite.

Moi ! je pourrais trahir le Dieu que j'aime !

J'adorerais un dieu sans force et sans vertu,
　Reste d'un tronc par les vents abattu,
　　Qui ne peut se sauver lui-même !

　　　　Le chœur chante.

Dieux impuissants, dieux sourds, tous ceux qui vous
　　Ne seront jamais entendus.　　　　[implorent
　Que les démons et ceux qui les adorent
　Soient à jamais détruits et confondus.

　　　　Une Israélite chante.

Que ma bouche et mon cœur et tout ce que je suis
Rendent honneur au Dieu qui m'a donné la vie !
　　Dans les craintes, dans les ennuis,
　En ses bontés mon âme se confie.
Veut-il par mon trépas que je le glorifie ?
Que ma bouche et mon cœur et tout ce que je suis
Rendent honneur au Dieu qui m'a donné la vie !

　　　　　ÉLISE.

Je n'admirai jamais la gloire de l'impie.

　　　　Une autre Israélite.

Au bonheur du méchant qu'une autre porte envie.

　　　　　ÉLISE.

Tous ses jours paraissent charmants,

L'or éclate en ses vêtements.
Son orgueil est sans borne, ainsi que sa richesse ;
Jamais l'air n'est troublé de ses gémissements ;
Il s'endort, il s'éveille au son des instruments ;
Son cœur nage dans la mollesse.

Une autre Israélite.

Pour comble de prospérité,
Il espère revivre en sa postérité ;
Et d'enfants à sa table une riante troupe
Semble boire avec lui la joie à pleine coupe.

(Tout le reste est chanté.)

Le chœur.

Heureux, dit-on, le peuple fleurissant
Sur qui ces biens coulent en abondance !
Plus heureux le peuple innocent
Qui dans le Dieu du ciel a mis sa confiance !

Une Israélite, seule.

Pour contenter ses frivoles désirs,
L'homme insensé vainement se consume ;
Il trouve l'amertume
Au milieu des plaisirs.

Une autre, seule.

Le bonheur de l'impie est toujours agité ;
Il erre à la merci de sa propre inconstance.

Ne cherchons la félicité
Que dans la paix de l'innocence.

La même avec une autre.

O douce paix !
O lumière éternelle !
Beauté toujours nouvelle !
Heureux le cœur épris de tes attraits !
O douce paix !
O lumière éternelle !
Heureux le cœur qui ne te perd jamais !

Le chœur.

O douce paix !
O lumière éternelle !
Beauté toujours nouvelle !
O douce paix !
Heureux le cœur qui ne te perd jamais !

La même, seule.

Nulle paix pour l'impie. Il la cherche, elle fuit ;
Et le calme en son cœur ne trouve point de place.
Le glaive au-dehors le poursuit,
Le remords au-dedans le glace.

Une autre.

La gloire des méchants en un moment s'éteint ;
L'affreux tombeau pour jamais les dévore.

Il n'en est pas ainsi pour celui qui te craint ;
Il renaitra, mon Dieu, plus brillant que l'aurore.

Le chœur.

O douce paix !
Heureux le cœur qui ne te perd jamais !

ÉLISE, *sans chanter.*

Mes sœurs, j'entends du bruit dans la chambre prochaine :
On nous appelle, allons rejoindre notre reine.

Fin du second Acte.

ACTE TROISIÈME.

Le théâtre représente les jardins d'Esther, et un des côtés du salon où se fait le festin.

SCÈNE PREMIERE.

AMAN, ZARÈS.

ZARÈS.

C'est donc ici d'Esther le superbe jardin,
Et ce salon pompeux est le lieu du festin;
Mais tandis que la porte en est encor fermée,
Ecoutez les conseils d'une épouse alarmée.
Au nom du nœud sacré qui me lie avec vous,
Dissimulez, seigneur, cet aveugle courroux;
Éclaircissez ce front où la tristesse est peinte.
Les rois craignent surtout le reproche et la plainte.
Seul entre tous les grands par la reine invité,
Ressentez donc aussi cette félicité.

Si le mal vous aigrit, que le bienfait vous touche.
Je l'ai cent fois appris de votre propre bouche :
Quiconque ne sait pas dévorer un affront,
Ni de fausses couleurs se déguiser le front,
Loin de l'aspect des rois qu'il s'écarte, qu'il fuie.
Il est des contre-temps qu'il faut qu'un sage essuie :
Souvent avec prudence un outrage enduré,
Aux honneurs les plus hauts a servi de degré.

AMAN.

O douleur! ô supplice affreux à la pensée !
O honte, qui jamais ne peut être effacée !
Un exécrable Juif, l'opprobre des humains !
S'est donc vu de la pourpre habillé par mes mains !
C'est peu qu'il ait sur moi remporté la victoire :
Malheureux! j'ai servi de héraut à sa gloire !
Le traître ! il insultait à ma confusion ;
Et tout le peuple même, avec dérision,
Observant la rougeur qui couvrait mon visage,
De ma chute certaine en tirait le présage.
Roi cruel! Ce sont là les jeux où tu te plais ;
Tu ne m'as prodigué tes perfides bienfaits
Que pour me faire mieux sentir ta tyrannie,
Et m'accabler enfin de plus d'ignominie.

ZARÈS.

Pourquoi juger si mal de son intention ?
Il croit récompenser une bonne action
Ne faut-il pas, seigneur, s'étonner, au contraire,

Qu'il en ait si long-temps différé le salaire?
Du reste, il n'a rien fait que par votre conseil;
Vous-même avez dicté tout ce triste appareil:
Vous êtes près de lui le premier de l'empire.
Sait-il toute l'horreur que ce Juif vous inspire?

AMAN.

Il sait qu'il me doit tout, et que pour sa grandeur
J'ai foulé sous les pieds remords, crainte, pudeur;
Qu'avec un cœur d'airain exerçant sa puissance,
J'ai fait taire les lois et gémir l'innocence,
Que pour lui des Persans bravant l'aversion,
J'ai chéri, j'ai cherché la malédiction.
Et pour prix de ma vie à leur haine exposée,
Le barbare aujourd'hui m'expose à leur risée.

ZARÈS.

Seigneur, nous sommes seuls. Que sert de se flatter?
Ce zèle que pour lui vous fîtes éclater,
Ce soin d'immoler tout à son pouvoir suprême,
Entre nous, avaient-ils d'autre objet que vous-même!
Et, sans chercher plus loin, tous ces Juifs désolés,
N'est-ce pas à vous seul que vous les immolez?
Et ne craignez-vous point que quelque avis funeste...
Enfin, la cour nous hait, le peuple nous déteste.
Ce Juif même, il le faut confesser malgré moi,
Ce Juif, comblé d'honneur, me cause quelque effroi.
Les malheurs sont souvent enchaînés l'un à l'autre,
Et sa race toujours fut fatale à la vôtre.

De ce léger affront songez à profiter :
Peut-être la fortune est prête à vous quitter.
Aux plus affreux excès son inconstance passe :
Prévenez son caprice avant qu'elle se lasse.
Où tendez-vous plus haut? Je frémis quand je vois
Les abîmes profonds qui s'ouvrent devant moi.
La chute désormais ne peut-être qu'horrible,
Osez chercher ailleurs un destin plus paisible.
Regagnez l'Hellespont, et ces bords écartés,
Où vos aïeux errants jadis furent jetés,
Lorsque des Juifs contre eux la vengeance allumée
Chassa tout Amalec de la triste Idumée.
Aux malices du sort enfin dérobez-vous;
Nos plus riches trésors marcheront devant nous.
Vous pouvez du départ me laisser la conduite;
Surtout de vos enfants j'assurerai la fuite.
N'ayez soin cependant que de dissimuler :
Contente, sur vos pas vous me verrez voler.
La mer la plus terrible et la plus orageuse
Est plus sûre pour nous que cette cour trompeuse.
Mais à grands pas vers vous je vois quelqu'un marcher :
C'est Hidaspe.

SCÈNE II.

AMAN, ZARÈS, HIDASPE,

HIDASPE.

Seigneur, je courais vous chercher :
Votre absence en ces lieux suspend toute la joie;
Et pour vous y conduire Assuérus m'envoie.

AMAN.

Et Mardochée est-il aussi de ce festin ?

HIDASPE.

A la table d'Esther portez-vous ce chagrin ?
Quoi! toujours de ce Juif l'image vous désole ?
Laissez-le s'applaudir d'un triomphe frivole.
Croit-il d'Assuérus éviter la rigueur ?
Ne possédez-vous pas son oreille et son cœur ?
On a payé le zèle, on punira le crime;
Et l'on vous a, seigneur, orné votre victime.
Je me trompe, ou vos vœux par Esther secondés
Obtiendront plus encor que vous ne demandez.

AMAN.

Croirai-je le bonheur que ta bouche m'annonce ?

HIDASPE.

J'ai des savants devins entendu la réponse :
Ils disent que la main d'un perfide étranger
Dans le sang de la reine est prête à se plonger;
Et le roi qui ne sait où trouver le coupable,
N'impute qu'aux seuls Juifs ce projet détestable.

AMAN.

Oui, ce sont, cher ami, des monstres furieux ;
Il faut craindre, surtout, leur chef audacieux.

La terre avec horreur dès long-temps les endure,
Et l'on en peut trop tôt délivrer la nature.
Ah! je respire enfin. Chère Zarès, adieu.

HIDASPE.

Les compagnes d'Esther s'avancent vers ce lieu :
Sans doute leur concert va commencer la fête.
Entrez, et recevez l'honneur qu'on vous apprête.

SCÈNE III.

ÉLISE, LE CHOEUR.

(Ceci se récite sans chant.)

Une des Israélites.

C'est Aman.

Une autre.

C'est lui-même, et j'en frémis, ma sœur.

La première.

Mon cœur de crainte et d'horreur se resserre.

L'autre.

C'est d'Israël le superbe oppresseur.

La première.

C'est celui qui trouble la terre.

ÉLISE.

Peut-on, en le voyant, ne le connaître pas?
L'orgueil et le dédain sont peints sur son visage.

Une Israélite.

On lit dans ses regards sa fureur et sa rage.

Une autre.

Et je crois voir marcher la mort devant ses pas.

Une des plus jeunes.

Je ne sais si ce tigre a reconnu sa proie.
Mais en nous regardant, mes sœurs, il m'a semblé
Qu'il avait dans les yeux une barbare joie,
 Dont tout mon sang est encore troublé.

ÉLISE.

Que ce nouvel honneur va croître son audace!
 Je le vois, mes sœurs, je le vois,
A la table d'Esther, l'insolent près du roi
 A déjà pris sa place.

Une des Israélites.

Ministre du festin, de grâce, dites-nous
Quel mets à ce cruel, quel vin préparez-vous?

Une autre.

Le sang de l'orphelin ;

Une troisième.

Les pleurs des misérables,

La seconde.

Sont ses mets les plus agréables.

La troisième.

C'est son breuvage le plus doux.

ÉLISE.

Chères sœurs, suspendez la douleur qui vous presse,
Chantons, on nous l'ordonne; et que puissent nos chants
Du cœur d'Assuérus adoucir la rudesse,
Comme autrefois David, par ses accords touchants,
Calmait d'un roi jaloux la sauvage tristesse!

(Tout le reste de cette scène est chanté.)

Une Israélite.

Que le peuple est heureux,
Lorsqu'un roi généreux,
Craint dans tout l'univers, veut encore qu'on l'aime !
Heureux le peuple ! heureux le roi lui-même !

Tout le chœur.

O repos! ô tranquillité!
O d'un parfait bonheur assurance éternelle!
Quand la suprême autorité
Dans ses conseils a toujours auprès d'elle
La justice et la vérité.

(Les quatre stances suivantes sont chantées alternativement par
une voix seule et par tout le chœur.)

Une Israélite.

Rois, chassez la calomnie :
Ses criminels attentats
Des plus paisibles états
Troublent l'heureuse harmonie.

Sa fureur, de sang avide,
Poursuit partout l'innocent.
Rois, prenez soin de l'absent
Contre sa langue homicide.

De ce monstre si farouche
Craignez la feinte douceur :
La vengeance est dans son cœur,
Et la piété dans sa bouche.

La fraude adroite et subtile
Sème de fleurs son chemin;
Mais sur ses pas vient enfin
Le repentir inutile.

Une Israélite, seule.

D'un souffle l'aquilon écarte les nuages,

Et chasse au loin la foudre et les orages ;
Un roi sage, ennemi du langage menteur,
Écarte d'un regard le perfide imposteur.

Une autre.

J'admire un roi victorieux,
Que sa valeur conduit triomphant en tous lieux.
Mais un roi sage et qui hait l'injustice,
Qui sous la loi du riche impérieux
Ne souffre point que le pauvre gémisse,
Est le plus beau présent des cieux.

Une autre.

La veuve en sa défense espère.

Une autre.

De l'orphelin il est le père.

Toutes ensemble.

Et les larmes du juste implorant son appui,
Sont précieuses devant lui.

Une Israélite, seule.

Détourne, roi puissant, détourne tes oreilles
De tout conseil barbare et mensonger.
Il est temps que tu t'éveilles.
Dans le sang innocent ta main va se plonger

Pendant que tu sommeilles.
Détourne, roi puissant, détourne tes oreilles
De tout conseil barbare et mensonger.

Une autre.

Ainsi puisse sous toi trembler la terre entière !
Ainsi puisse à jamais contre tes ennemis
Le bruit de ta valeur te servir de barrière !
S'ils t'attaquent, qu'ils soient en un moment soumis.
 Que de ton bras la force les renverse,
 Que de ton nom la terreur les disperse ;
Que tout le camp nombreux soit devant tes soldats
 Comme d'enfants une troupe inutile,
Et si par un chemin il entre en tes états,
 Qu'il en sorte par plus de mille.

SCÈNE IV.

ASSUÉRUS, ESTHER, AMAN, ÉLISE.

LE CHOEUR.

ASSUÉRUS, *à Esther.*

Oui, vos moindres discours ont des grâces secrètes !
Une noble pudeur à tout ce que vous faites
Donne un prix que n'ont point ni la pourpre ni l'or.
Quel climat renfermait un si rare trésor ?
Dans quel sein vertueux avez-vous pris naissance ?
Et quelle main si sage éleva votre enfance ?
Mais dites promptement ce que vous demandez ;

Tous vos désirs, Esther, vous seront accordés,
Dussiez-vous, je l'ai dit, et veux bien le redire,
Demander la moitié de ce puissant empire.

ESTHER.

Je ne m'égare point dans ces vastes désirs;
Mais, puisqu'il faut enfin expliquer mes soupirs,
Puisque mon roi lui-même à parler me convie,

(Elle se jette aux pieds du roi.)

J'ose vous implorer, et pour ma propre vie,
Et pour les tristes jours d'un peuple infortuné
Qu'à périr avec moi vous avez condamné.

ASSUÉRUS, *la relevant.*

A périr! vous? Quel peuple? Et quel est ce mystère?

AMAN, *à part.*

Je tremble.

ESTHER.

Esther, seigneur, eut un Juif pour son père.
De vos ordres sanglants vous savez la rigueur.

AMAN, *à part.*

Ah! Dieu!

ASSUÉRUS.

Ah! de quel coup me percez-vous le cœur.
Vous, la fille d'un Juif! Eh quoi! tout ce que j'aime,
Cette Esther, l'innocence et la sagesse même,
Que je croyais du ciel les plus chères amours,
Dans cette source impure aurait puisé ses jours!
Malheureux!

ESTHER.

Vous pourrez rejeter ma prière;
Mais je demande au moins que pour grâce dernière,
Jusqu'à la fin, seigneur, vous m'entendiez parler,
Et que surtout Aman n'ose point me troubler.

ASSUÉRUS.

Parlez.

ESTHER.

O Dieu! confonds l'audace et l'imposture.
Ces Juifs dont vous voulez délivrer la nature,
Que vous croyez, seigneur, le rebut des humains,
D'une riche contrée autrefois souverains,
Pendant qu'ils n'adoraient que le Dieu de leurs pères
Ont vu bénir le cours de leurs destins prospères.
Ce Dieu, maître absolu de la terre et des cieux,
N'est point tel que l'erreur le figure à vos yeux.
L'Éternel est son nom, le monde est son ouvrage,

Il entend les soupirs de l'humble qu'on outrage,
Juge tous les mortels avec d'égales lois,
Et du haut de son trône interroge les rois.
Des plus fermes États la chute épouvantable,
Quand il veut n'est qu'un jeu de sa main redoutable.
Les Juifs à d'autres dieux osèrent s'adresser :
Roi, peuple, en un jour tout se vit disperser :
Sous les Assyriens leur triste servitude
Devint le juste prix de leur ingratitude.

Mais pour punir enfin nos maîtres à leur tour,
Dieu fit choix de Cyrus avant qu'il vît le jour,
L'appela par son nom, le promit à la terre,
Le fit naître, et soudain l'arma de son tonnerre,
Brisa les fiers remparts et les portes d'airain,
Mit des superbes rois la dépouille en sa main,
De son temple détruit vengea sur eux l'injure.
Babylone paya nos pleurs avec usure.
Cyrus par lui vainqueur publia ses bienfaits,
Regarda notre peuple avec des yeux de paix,
Nous rendit et nos lois et nos fêtes divines,
Et le temple déjà sortait de ses ruines.
Mais, de ce roi si sage héritier insensé,
Son fils interrompit l'ouvrage commencé,
Fut sourd à nos douleurs. Dieu rejeta sa race,
Le retrancha lui-même, et vous mit en sa place.

Que n'espérions-nous point d'un roi si généreux!
Dieu regarde en pitié son peuple malheureux,
Disions-nous ; un roi règne, ami de l'innocence.
Partout du nouveau prince on vantait la clémence.
Les Juifs partout de joie en poussèrent des cris.
Ciel ! verra-t-on toujours par de cruels esprits

Des princes les plus doux l'oreille environnée,
Et du bonheur public la source empoisonnée!
Dans le fond de la Thrace un barbare enfanté
Est venu dans ces lieux souffler la cruauté;
Un ministre ennemi de votre propre gloire...

AMAN.

De votre gloire! moi? Ciel! le pourriez-vous croire?
Moi qui n'ai d'autre objet ni d'autre Dieu...

ASSUÉRUS.

Tais-toi.
Oses-tu donc parler sans l'ordre de ton roi?

ESTHER.

Notre ennemi cruel devant-vous se déclare.
C'est lui, c'est ce ministre infidèle et barbare,
Qui d'un zèle trompeur à vos yeux revêtu,
Contre votre innocence arma votre vertu.
Et quel autre, grand Dieu! qu'un Scythe impitoyable,
Aurait de tant d'horreurs dicté l'ordre effroyable?
Partout l'affreux signal en même temps donné
De meurtres remplira l'univers étonné:
On verra, sous le nom du plus juste des princes,
Un perfide étranger désoler vos provinces,
Et dans ce palais même en proie à son courroux,
Le sang de vos sujets regorger jusqu'à vous.
    Et que reproche aux Juifs sa haine envenimée?
Quelle guerre intestine avons-nous allumée?

Les a-t-on vus marcher parmi vos ennemis?
Fut-il jamais au joug esclaves plus soumis?
Adorant dans leurs fers le Dieu qui les châtie,
Pendant que votre main sur eux appesantie,
A leurs persécuteurs les livrait sans secours,
Ils conjuraient ce Dieu de veiller sur vos jours,
De rompre des méchants les trames criminelles,
De mettre votre trône à l'ombre de ses ailes.
N'en doutez point, seigneur, il fut votre soutien :
Lui seul mit à vos pieds le Parthe et l'Indien ;
Dissipa devant vous les innombrables Scythes,
Et renferma les mers dans vos vastes limites.
Lui seul aux yeux d'un Juif découvrit le dessein
De deux traîtres tout prêts à vous percer le sein.
Hélas! ce Juif jadis m'adopta pour sa fille.

ASSUÉRUS.

Mardochée?

ESTHER.

Il restait seul de notre famille,
Mon père était son frère. Il descend, comme moi,
Du sang infortuné de notre premier roi ;
Plein d'une juste horreur pour un Amalécite,
Race que notre Dieu de sa bouche a maudite,
Il n'a devant Aman pu fléchir les genoux,
Ni lui rendre un honneur qu'il ne croit dû qu'à vous :
De là contre les Juifs et contre Mardochée
Cette haine, seigneur, sous d'autres noms cachée ;
En vain de vos bienfaits Mardochée est paré :

A la porte d'Aman est déjà préparé
D'un infâme trépas l'instrument exécrable :
Dans une heure au plus tard ce vieillard vénérable,
Des portes du palais par son ordre arraché,
Couvert de votre pourpre y doit être attaché.

ASSUÉRUS.

Quel jour mêlé d'horreur vient effrayer mon âme!
Tout mon sang de colère et de honte s'enflamme.
J'étais donc le jouet... Ciel! daigne m'éclairer!
Un moment sans témoins cherchons à respirer.
Appelez Mardochée, il faut aussi l'entendre.

(Le roi s'éloigne.)

Une Israélite.

Vérité que j'implore, achève de descendre!

SCÈNE V.

ESTHER, AMAN, ÉLISE, LE CHOEUR.

AMAN, à *Esther.*

D'un juste étonnement je demeure frappé.
Les ennemis des Juifs m'ont trahi, m'ont trompé :
J'en atteste du ciel la puissance suprême,
En les perdant, j'ai cru vous assurer vous-même;
Princesse, en leur faveur employez mon crédit;
Le roi, vous le voyez flotte encore interdit.
Je sais par quels ressorts on le pousse, on l'arrête;

Et fais, comme il me plaît, le calme et la tempête.
Les intérêts des Juifs déjà me sont sacrés.
Parlez : vos ennemis aussitôt massacrés,
Victimes de la foi que ma bouche vous jure,
De ma fatale erreur répareront l'injure.
Quel sang demandez-vous ?

ESTHER.

Va, traître, laisse-moi :
Les Juifs n'attendent rien d'un méchant tel que toi.
Misérable ! le Dieu vengeur de l'innocence,
Tout prêt à te juger, tient déjà sa balance ;
Bientôt son juste arrêt te sera prononcé.
Tremble : son jour approche, et ton règne est passé.

AMAN.

Oui, ce Dieu, je l'avoue, est un Dieu redoutable.
Mais veut-il que l'on garde une haine implacable ?
C'en est fait ! mon orgueil est forcé de plier.
L'inexorable Aman est réduit à prier.

(Il se jette à ses pieds.)

Par le salut des Juifs, par ses pieds que j'embrasse,
Par ce sage vieillard, l'honneur de votre race,
Daignez d'un roi terrible apaiser le courroux :
Sauvez Aman qui tremble à vos sacrés genoux.

SCÈNE VI.

ASSUÉRUS, ESTHER, AMAN, ÉLISE.

GARDES, LE CHOEUR.

ASSUÉRUS.

Quoi ! le traître sur vous porte ses mains hardies !
Ah ! dans ses yeux confus je lis ses perfidies ;
Et son trouble appuyant la foi de vos discours,
De tous ses attentats me rappelle le cours.
Qu'à ce monstre à l'instant l'âme soit arrachée,
Et que devant sa porte, au lieu de Mardochée,
Apaisant par sa mort et la terre et les cieux,
De mes peuples vengés il repaisse les yeux.

(Aman est emmené par les gardes.)

SCÈNE VII.

ASSUÉRUS, ESTHER, MARDOCHÉE, ÉLISE.

LE CHOEUR.

ASSUÉRUS *continue en s'adressant à Mardochée.*

Mortel chéri du ciel, mon salut et ma joie,
Aux conseils des méchants ton roi n'est plus en proie.
Mes yeux sont dessillés, le crime est confondu ;
Viens briller près de moi dans le rang qui t'es dû ;
Je te donne d'Aman les biens et la puissance :

Possède justement son injuste opulence.
Je romps le joug funeste où les Juifs sont soumis,
Je leur livre le sang de tous leurs ennemis :
A l'égal des Persans je veux qu'on les honore,
Et que tout tremble au nom du Dieu qu'Esther adore.
Rebâtissez son temple et peuplez vos cités :
Que vos heureux enfants, dans leurs solennités,
Consacrent de ce jour le triomphe et la gloire,
Et qu'à jamais mon nom vive dans leur mémoire.

SCÈNE VIII.

LES PRÉCÉDENTS, ASAPH.

ASSUÉRUS.

Que veut Asaph.

ASAPH.

Seigneur, le traître est expiré,
Par le peuple en fureur à moitié déchiré.
On traine, on va donner en spectacle funeste
De son corps tout sanglant le misérable reste

MARDOCHÉE.

Roi, qu'à jamais le ciel prenne soin de vos jours!
Le péril des Juifs presse et veut un prompt secours.

ASSUÉRUS.

Oui, je l'entends. Allons par des ordres contraires

Révoquer d'un méchant les ordres sanguinaires.

ESTHER.

O Dieu ! par quelle route inconnue aux mortels
Ta sagesse conduit ses desseins éternels !

SCENE IX ET DERNIÈRE.

LE CHOEUR.

Tout le chœur.

Dieu fait triompher l'innocence :
Chantons, célébrons sa puissance.

Une Israélite.

Il a vu contre nous les méchants s'assembler,
　　Et notre sang prêt à couler.
Comme l'eau sur la terre ils allaient le répandre ;
　Du haut du ciel sa voix se fait entendre ;
　　L'homme superbe est renversé,
　　Ses propres flèches l'ont percé.

Une autre.

J'ai vu l'impie adoré sur la terre ;
　Pareil au cèdre, il cachait dans les cieux
　　　Son front audacieux ;
Il semblait à son gré gouverner le tonnerre,
　Foulait aux pieds ses ennemis vaincus :
Je n'ai fait que passer, il n'était déjà plus.

Une autre.

On peut des plus grands rois surprendre la justice ;
Incapables de tromper,
Ils ont peine à s'échapper
Des piéges de l'artifice.
Un cœur noble ne peut soupçonner en autrui
La bassesse et la malice
Qu'il ne sent point en lui.

Une autre.

Comment s'est calmé l'orage ?

Une autre.

Qelle main salutaire a chassé le nuage ?

Tout le chœur.

L'aimable Esther a fait ce grand ouvrage.

Une Israélite, seule.

De l'amour de son Dieu son cœur s'est embrasé.
Au péril d'une mort funeste
Son zèle ardent s'est exposé ;
Elle a parlé : le ciel a fait le reste.

Deux Israélites.

Esther a triomphé des filles des Persans ;

La nature et le ciel à l'envi l'ont ornée.

L'une des deux.

Tout ressent de ses yeux les charmes innocents.
Jamais tant de beauté fut-elle couronnée ?

L'autre.

Les charmes de son cœur sont encor plus puissants;
Jamais tant de vertu fut-elle couronnée ?

Toutes deux ensemble.

Esther a triomphé des filles des Persans;
La nature et le ciel à l'envi l'ont ornée.

Une Israélite, seule.

Ton Dieu n'est plus irrité;
Réjouis-toi, Sion, et sors de la poussière;
Quitte les vêtemsnts de ta captivité,
  Et reprends ta splendeur première :
Les chemins de Sion à la fin sont ouverts;
   Rompez vos fers,
    Tribus captives,
   Troupes fugitives;
Repassez les monts et les mers,
Rassemblez-vous des bouts de l'univers.

Tout le chœur.

Rompez vos fers,

RACINE.

Tribus captives,
Troupes fugitives,
Repassez les monts et les mers;
Rassemblez-vous des bouts de l'univers.

Une Israélite, seule.

Je reverrai ces campagnes si chères.

Une autre.

J'irai pleurer au tombeau de mes pères.

Tout le chœur.

Repassez les monts et les mers;
Rassemblez-vous des bouts de l'univers.

Une Israélite, seule.

Relevez, relevez les superbes portiques
Du temple où notre Dieu se plait d'être adoré :
Que de l'or le plus pur son autel soit paré,
Et que du sein des monts le marbre soit tiré.
Liban, dépouille-toi de tes cèdes antiques
   Prêtres sacrés, préparez vos cantiques.

Une autre.

Dieu descend et revient habiter parmi nous;
Terre, frémis d'allégresse et de crainte,
  Et vous, sous sa majesté sainte,
    Cieux, abaissez-vous.

Une autre.

Que le Seigneur est bon! que son joug est aimable!
Heureux qui dès l'enfance en connait la douceur!
Jeune peuple, courez à ce maitre adorable;
Les biens les plus charmants n'ont rien de comparable
Aux torrens de plaisir qu'il répand dans un cœur!
Que le Seigneur est bon! que son joug est aimable!
Heureux qui dès l'enfance en connait la douceur!

Une autre.

Il s'apaise, il pardonne :
Du cœur ingrat qui l'abandonne
Il attend le retour.
Il excuse notre faiblesse;
A nous chercher même il s'empresse.
Pour l'enfant qu'elle a mis au jour
Une mère a moins de tendresse.
Ah! qui peut avec lui partager notre amour?

Trois Israélites.

Il nous fait remporter une illustre victoire.

L'une des trois.

Il nous a révélé sa gloire.

Toutes trois ensemble.

Ah! qui peut avec lui partager notre amour?

Tout le chœur.

Que son nom soit béni. Que son nom soit chanté.
   Que l'on célèbre ses ouvrages
   Au-delà des temps et des âges,
   Au-delà de l'éternité.

ATHALIE,

TRAGÉDIE EN CINQ ACTES,

TIRÉE DE L'ÉCRITURE SAINTE,

PAR JEAN RACINE.

PERSONNAGES.

Joas, roi de Juda, fils d'Okosias.
Athalie, veuve de Joram, aïeule de Joas.
Joad, autrement Joïada, grand-prêtre.
Josabet, tante de Joas, femme du grand-prêtre.
Zacharie, fils de Joad et de Josabet.
Solomith, sœur de Zacharie.
Abner, l'un des principaux officiers des rois de Juda.
Azarias,
Ismael, et les trois autres chefs des prêtres et des lévites.
Mathan, prêtre apostat, sacrificateur de Baal.
Nabal, confident de Mathan.
Agar, femme de la suite d'Athalie.
Troupes de prêtres et de lévites.
Suite d'Athalie.
La nourrice de Joas.
Chœur de jeunes filles de la tribu de Lévi.

La scène est dans le temple de Jérusalem, dans un vestibule
de l'appartement du grand-prêtre.

RACINE LISANT LA TRAGÉDIE D'ATHALIE DEVANT LOUIS XIV
ET Mme DE MAINTENON

ACTE PREMIER.

SCÈNE PREMIÈRE.

JOAB, ABNER.

ABNER.

Oui, je viens dans son temple adorer l'Eternel,
Je viens, selon l'usage antique et solennel,
Célébrer avec vous la fameuse journée
Où sur le mont Sina la loi nous fut donnée.
Que les temps sont changés ! Sitôt que de ce jour
La trompette sacrée annonçait le retour,
Du temple orné partout de festons magnifiques,
Le peuple saint en foule inondait les portiques;
Et tous devant l'autel avec ordre introduits,
De leurs champs dans leurs mains portaient les nouveaux
[fruits;]

Au Dieu de l'univers consacraient ces prémices.
Les prêtres ne pouvaient suffire aux sacrifices ;
L'audace d'une femme, arrêtant ce concours,
En des jours ténébreux a changé ces beaux jours.
D'adorateurs zélés à peine un petit nombre
Ose des premiers temps nous retracer quelque ombre;
Le reste pour son Dieu montre un oubli fatal,
Ou même, s'empressant aux autels de Baal,
Se fait initier à ses honteux mystères,
Et blasphème le nom qu'ont invoqué leurs pères.
Je tremble qu'Athalie, à ne vous rien cacher,
Vous-même de l'autel vous faisant arracher,
N'achève enfin sur vous ses vengeances funestes,
Et d'un respect forcé ne dépouille les restes.

JOAD.

D'où vous vient aujourd'hui ce noir pressentiment ?

ABNER.

Pensez-vous être saint et juste impunément ?
Dès long-temps elle hait cette fermeté rare
Qui rehausse en Joad l'éclat de la tiare ;
Dès long-temps votre amour pour la religion
Est traité de révolte et de sédition.
Du mérite éclatant cette reine jalouse
Hait surtout Josabet, votre fidèle épouse.
Si du grand-prêtre Aaron Joad est successeur,
De notre dernier roi Josabet est la sœur.
Mathan, d'ailleurs, Mathan, ce prêtre sacrilége,

Plus méchant qu'Athalie, à toute heure l'assiége ;
Mathan, de nos autels infâme déserteur,
Et de toute vertu zélé persécuteur.
C'est peu que, le front ceint d'une mitre étrangère,
Ce lévite à Baal prête son ministère ;
Ce temple l'importune, et son impiété
Voudrait anéantir le Dieu qu'il a quitté.
Pour vous perdre il n'est point de ressorts qu'il n'invente,
Quelquefois il vous plaint, souvent même il vous vante ;
Il affecte pour vous une fausse douceur ;
Et par-là de son fiel colorant la noirceur,
Tantôt à cette reine il vous peint redoutable ;
Tantôt, voyant pour l'or sa soif insatiable,
Il lui feint qu'en un lieu que vous seul connaissez,
Vous cachez des trésors par David amassés.
Enfin, depuis deux jours la superbe Athalie
Dans un sombre chagrin paraît ensevelie.
Je l'observais hier, et je voyais ses yeux
Lancer sur le lieu saint des regards furieux,
Comme si dans le fond de ce vaste édifice
Dieu cachait un vengeur armé pour son supplice.
Croyez-moi, plus j'y pense, et moins je puis douter
Que sur vous son courroux ne soit près d'éclater,
Et que de Jésabel la fille sanguinaire
Ne vienne attaquer Dieu jusqu'en son sanctuaire.

JOAD.

Celui qui met un frein à la fureur des flots
Sait aussi des méchants arrêter les complots.
Soumis avec respect à sa volonté sainte,

Je crains Dieu, cher Abner, et n'ai point d'autre crainte.
Cependant je rends grâce au zèle officieux
Qui sur tous mes périls vous fait ouvrir les yeux.
Je vois que l'injustice en secret vous irrite,
Que vous avez encor le cœur israélite.
Le ciel en soit béni ! Mais ce secret courroux,
Cette oisive vertu, vous en contentez-vous?
La foi qui n'agit point est-ce une foi sincère ?
Huit ans déjà passés, une impie étrangère
Du sceptre de David usurpe tous les droits,
Se baigne impunément dans le sang de nos rois;
Des enfants de son fils détestable homicide,
Et même contre Dieu lève son bras perfide;
Et vous, l'un des soutiens de ce tremblant Etat,
Vous, nourri dans les camps du saint roi Josaphat,
Qui sous son fils Joram commandiez nos armées,
Qui rassurâtes seul nos villes alarmées,
Lorsque d'Okosias le trépas imprévu
Dispersa tout son camp à l'aspect de Jéhu ;
Je crains Dieu, dites-vous, sa vérité me touche !
Voici comme ce Dieu vous répond par ma bouche :
« Du zèle de ma loi que sert de vous parer?
» Par de stériles vœux pensez-vous m'honorer ?
» Quel fruit me revient-il de tous vos sacrifices ?
» Ai-je besoin du sang des boucs et des génisses?
» Le sang de vos rois crie, et n'est point écouté.
» Rompez, rompez tout pacte avec l'impiété.
» Du milieu de mon peuple exterminez les crimes,
» Et vous viendrez alors m'immoler vos victimes. »

ABNER.

Eh! que puis-je au milieu de ce peuple abattu?
Benjamin est sans force, et Juda sans vertu.
Le jour qui de leurs rois vit éteindre la race,
Eteignit tout le feu de leur antique audace.
Dieu même, disent-ils, s'est retiré de nous;
De l'honneur des Hébreux autrefois si jaloux,
Il voit sans intérêt leur grandeur terrassée,
Et sa miséricorde à la fin s'est lassée;
On ne voit plus pour nous ses redoutables mains
De merveilles sans nombre effrayer les humains.
L'arche sainte est muette et ne rend plus d'oracles.

JOAD.

Et quel temps fut jamais si fertile en miracles?
Quand Dieu par plus d'effets montra-t-il son pouvoir?
Auras-tu donc toujours des yeux pour ne point voir?
Peuple ingrat! quoi! toujours les plus grandes merveilles
Sans ébranler ton cœur frapperont tes oreilles!
Faut-il, Abner, faut-il vous rappeler le cours
Des prodiges fameux accomplis en nos jours,
Des tyrans d'Israël les célèbres disgrâces;
Et Dieu trouvé fidèle en toutes ses menaces;
L'impie Achab détruit, et de son sang trempé
Le champ que par le meurtre il avait usurpé;
Près de ce champ fatal Jésabel immolée,
Sous les pieds des chevaux cette reine foulée,
Dans son sang inhumain les chiens désaltérés,

Et de son corps hideux les membres déchirés;
Des prophètes menteurs la troupe confondue,
Et la flamme du ciel sur l'autel descendue;
Elie aux éléments parlant en souverain,
Les cieux par lui fermés et devenus d'airain,
Et la terre trois ans sans pluie et sans rosée;
Les morts se ranimant à la voix d'Elisée?
Reconnaissez, Abner, à ces traits éclatants,
Un Dieu tel aujourd'hui qu'il fut dans tous les temps.
Il sait, quand il lui plaît, faire éclater sa gloire,
Et son peuple est toujours présent à sa mémoire.

ABNER.

Mais où sont ces honneurs à David tant promis,
Et prédits même encore à Salomon son fils?
Hélas! nous espérions que de leur race heureuse
Devait sortir de rois une suite nombreuse;
Que sur toute tribu, sur toute nation,
L'un d'eux établirait sa domination,
Ferait cesser partout la discorde et la guerre,
Et verrait à ses pieds tous les rois de la terre.

JOAD.

Aux promesses du ciel pourquoi renoncez-vous?

ABNER.

Ce roi, fils de David, où le chercherons-nous?
Le ciel même peut-il réparer les ruines

De cet arbre séché jusque dans ses racines ?
Athalie étouffa l'enfant même au berceau.
Les morts, après huit ans, sortent-ils du tombeau ?
Ah ! si dans sa fureur elle s'était trompée ;
Si du sang de nos rois quelque goutte échappée...

JOAD.

Eh bien ! que feriez-vous ?

ABNER.

O jour heureux pour moi !
De quelle ardeur j'irais reconnaître mon roi !
Doutez-vous qu'à ses pieds nos tribus empressées...
Mais pourquoi me flatter de ces vaines pensées ?
Déplorable héritier de ces rois triomphants,
Okosias restait seul avec ses enfants ;
Par les traits de Jéhu je vis percer le père ;
Vous avez vu les fils massacrés par la mère.

JOAD.

Je ne m'explique point : mais quand l'astre du jour
Aura sur l'horizon fait le tiers de son tour,
Lorsque la troisième heure aux prières rappelle,
Retrouvez-vous au temple avec ce même zèle.
Dieu pourra vous montrer, par d'importants bienfaits,
Que sa parole est stable et ne trompe jamais.
Allez : pour ce grand jour il faut que je m'apprête,
Et du temple déjà l'aube blanchit le faîte.

ABNER.

Quel sera ce bienfait que je ne comprends pas?
L'illustre Josabet porte vers vous ses pas.
Je sors, et vais me joindre à la troupe fidèle
Qu'attire de ce jour la pompe solennelle.

SCÈNE II.

JOAD, JOSABET.

JOAD.

Les temps sont accomplis, princesse, il faut parler;
Et votre heureux larcin ne se peut plus céler.
Des ennemis de Dieu la coupable insolence
Abusant contre lui de ce profond silence,
Accuse trop long-temps ses promesses d'erreur;
Que dis-je? le succès animant leur fureur,
Jusque sur notre autel votre injuste marâtre
Veut offrir à Baal un encens idolâtre.
Montrons ce jeune roi que vos mains ont sauvé,
Sous l'aile du Seigneur dans le temple élevé;
De nos princes hébreux il aura le courage,
Et déjà son esprit a devancé son âge.
Avant que son destin s'explique par ma voix,
Je vais l'offrir au Dieu par qui règnent les rois.
Aussitôt assemblant nos lévites, nos prêtres,
Je leur déclarerai l'héritier de leurs maîtres.

JOSABET.

Sait-il déjà son nom et son noble destin?

JOAD.

Il ne répond encor qu'au nom d'Eliacin;
Et se croit quelqu'enfant rejeté par sa mère,
A qui j'ai par pitié daigné servir de père.

JOSABET.

Hélas! de quel péril je l'avais su tirer!
Dans quel péril encor il est près de rentrer!

JOAD.

Quoi! déjà votre voix s'affaiblit et s'étonne?

JOSABET.

A vos sages conseils, seigneur, je m'abandonne.
Du jour que j'arrachai cet enfant à la mort,
Je remis en vos mains tout le soin de son sort;
Même de mon amour craignant la violence,
Autant que je le puis, j'évite sa présence,
De peur qu'en le voyant quelque trouble indiscret
Ne fasse avec mes pleurs échapper mon secret;
Surtout j'ai cru devoir aux larmes, aux prières,
Consacrer ces trois jours et ces trois nuits entières.
Cependant aujourd'hui puis je vous demander

Quels amis vous avez prêts à vous seconder ?
Abner, le brave Abner viendra-t-il nous défendre ?
A-t-il près de son roi fait serment de se rendre ?

JOAD.

Abner, quoiqu'on se pût assurer sur sa foi,
Ne sait pas même encore si nous avons un roi.

JOSABET.

Mais à qui de Joas confiez-vous la garde ?
Est-ce Obed, est-ce Amnon que cet honneur regarde ?
De mon père sur eux les bienfaits répandus...

JOAD.

A l'injuste Athalie ils se sont tous vendus.

JOSABET.

Qui donc opposez-vous contre ses satellites ?

JOAD.

Ne vous l'ai-je pas dit ? nos prêtres, nos lévites.

JOSABET.

Je sais que près de vous en secret assemblé,
Par vos soins prévoyants leur nombre est redoublé ;
Que pleins d'amour pour vous, d'horreur pour Athalie,

Un serment solennel par avance les lie
A ce fils de David qu'on leur doit révéler.
Mais, quelque noble ardeur dont ils puissent brûler,
Peuvent-ils de leur roi venger seuls la querelle ?
Pour un si grand ouvrage est-ce assez de leur zèle ?
Doutez-vous qu'Athalie, au premier bruit semé
Qu'un fils d'Okosias est ici renfermé,
De ses fiers étrangers assemblant les cohortes,
N'environne le temple et n'en brise les portes ?
Suffira-t-il contre eux de vos ministres saints,
Qui, levant au Seigneur leurs innocentes mains,
Ne savent que gémir et prier pour nos crimes,
Et n'ont jamais versé que le sang des victimes ?
Peut-être dans leurs bras Joas percé de coups...

JOAD.

Et comptez-vous pour rien Dieu qui combat pour nous ?
Dieu, qui de l'orphelin protége l'innocence,
Et fait dans la faiblesse éclater sa puissance ;
Dieu, qui hait les tyrans, et qui dans Jezraël
Jura d'exterminer Achab et Jésabel ;
Dieu qui, frappant Joram, le mari de leur fille,
A jusque sur son fils poursuivi leur famille ;
Dieu dont le bras vengeur, pour un temps suspendu,
Sur cette race impie est toujours étendu ?

JOSABET.

Et c'est sur tous ces rois sa justice sévère
Que je crains pour le fils de mon malheureux frère.

Qui sait si cet enfant par leur crime entraîné,
Avec eux, en naissant, ne fut pas condamné?
Si Dieu, le séparant d'une odieuse race,
En faveur de David voudra lui faire grâce?
Hélas! l'état horrible où le ciel me l'offrit
Revient à tout moment tourmenter mon esprit;
De princes égorgés la chambre était remplie :
Un poignard à la main l'implacable Athalie
Au carnage animait ses barbares soldats,
Et poursuivait le cours de ses assassinats.
Joas, laissé pour mort, frappa soudain ma vue :
Je me figure encor sa nourrice éperdue,
Qui devant les bourreaux s'était jetée en vain,
Et faible, le tenait renversé sur son sein.
Je le pris tout sanglant; en baignant son visage,
Mes pleurs du sentiment lui rendirent l'usage;
Et, soit frayeur encor, ou pour me caresser,
De ses bras innocents je me sentis presser.
Grand Dieu! que mon amour ne lui soit point funeste!
Du fidèle David c'est le précieux reste.
Nourri dans ta maison, en l'amour de ta loi,
Il ne connaît encor d'autre père que toi.
Sur le point d'attaquer une reine homicide,
A l'aspect du péril si ma foi s'intimide,
Si la chair et le sang, se troublant aujourd'hui,
Ont trop de part aux pleurs que je répands pour lui,
Conserve l'héritier de tes saintes promesses,
Et ne punis que moi de toutes mes faiblesses.

JOAD.

Vos larmes, Josabet, n'ont rien de criminel;

Mais Dieu veut qu'on espère en son soin paternel.
Il ne recherche point, aveugle en sa colère,
Sur le fils qui le craint l'impiété du père.
Tout ce qui reste encor des fidèles Hébreux
Lui viendront aujourd'hui renouveler leurs vœux.
Autant que de David la race est respectée,
Autant de Jésabel la fille est détestée ;
Joas les touchera par sa noble pudeur,
Où semble de son sang reluire la splendeur ;
Et Dieu, par sa voix même, appuyant notre exemple,
De plus près à leur cœur parlera dans son temple.
Deux infidèles rois tour à tour l'ont bravé ;
Il faut que sur le trône un roi soit élevé,
Qui se souvienne un jour qu'au rang de ses ancêtres
Dieu l'a fait remonter par la main de ses prêtres,
L'a tiré par leurs mains de l'oubli du tombeau,
Et de David éteint rallumé le flambeau.

 Grand Dieu ! si tu prévois qu'indigne de sa race,
Il doive de David abandonner la trace,
Qu'il soit comme le fruit en naissant arraché,
Ou qu'un souffle ennemi dans sa fleur a séché.
Mais si ce même enfant, à tes ordres docile,
Doit être à tes desseins un instrument utile,
Fais qu'au juste héritier le sceptre soit remis ;
Livre en mes faibles mains ses puissants ennemis :
Confonds dans tes conseils une reine cruelle,
Daigne, daigne, mon Dieu, sur Mathan et sur elle
Répandre cet esprit d'imprudence et d'erreur,
De la chute des rois funeste avant-coureur.
 L'heure me presse : adieu. Des plus saintes familles
Votre fils et sa sœur vous amènent les filles.

SCÈNE III.

JOSABET, ZACHARIE, SALOMITH, LE CHOEUR.

JOSABET.

Cher Zacharie, allez, ne vous arrêtez pas.
De votre auguste père accompagnez les pas.
O filles de Lévi, troupe jeune et fidèle,
Que déjà le Seigneur embrase de son zèle,
Qui venez si souvent partager mes soupirs,
Enfants, ma seule joie en mes longs déplaisirs,
Ces festons dans vos mains, et ces fleurs sur vos têtes,
Autrefois convenaient à nos pompeuses fêtes :
Mais, hélas ! en ce temps d'opprobre et de douleurs,
Quelle offrande sied mieux que celle de nos pleurs !
J'entends déja, j'entends la trompette sacrée,
Et du temple bientôt on permettra l'entrée.
Tandis que je me vais préparer à marcher,
Chantez ; louez le Dieu que vous venez chercher.

SCÈNE IV.

LE CHOEUR.

Tout le choeur chante.

Tout l'univers est plein de sa magnificence ;
Qu'on l'adore ce Dieu, qu'on l'invoque à jamais ;
Son empire a des temps précédé la naissance ;
    Chantons, publions ses bienfaits.

Une voix seule.

En vain l'injuste violence
Au peuple qui le loue imposerait silence ;
　　Son nom ne périra jamais.
Le jour annonce au jour sa gloire et sa puissance ;
Tout l'univers est plein de sa magnificence.
　　Chantons, publions ses bienfaits.

Tout le chœur répète.

Tout l'univers est plein de sa magnificence,
　　Chantons, publions ses bienfaits.

Une voix seule.

Il donne aux fleurs leur aimable peinture ;
　　Il fait naître et mûrir les fruits,
　　Il leur dispense avec mesure
Et la chaleur des jours et la fraîcheur des nuits.
Le champ qui les reçut les rend avec usure.

Une autre.

Il commande au soleil d'animer la nature,
　　Et la lumière est un don de ses mains ;
　　Mais sa loi sainte, sa loi pure,
Est le plus riche don qu'il ait fait aux humains.

Une autre.

O mont de Sinaï, conserve la mémoire

De ce jour à jamais auguste et renommé,
Quand, sur ton sommet enflammé,
Dans un nuage épais le Seigneur enfermé
Fit luire aux yeux mortels un rayon de sa gloire.
Dis-nous pourquoi ces feux et ces éclairs,
Ces torrents de fumée et ce bruit dans les airs,
Ces trompettes et ce tonnerre :
Venait-il renverser l'ordre des éléments?
Sur ces antiques fondements
Venait-il ébranler la terre ?

Une autre.

Il venait révéler aux enfants des Hébreux
De ces préceptes saints la lumière immortelle,
Il venait à ce peuple heureux
Ordonner de l'aimer d'une amour éternelle.

Tout le chœur.

O divine, ô charmante loi !
O justice, ô bonté suprême !
Que de raisons, quelle douceur extrême
D'engager à ce Dieu son amour et sa foi !

Une voix seule.

D'un joug cruel il sauva nos aïeux,
Les nourrit au désert d'un pain délicieux ;
Il nous donne ses lois, il se donne lui-même :
Pour tant de biens, il commande qu'on l'aime.

Le chœur.

O justice, ô bonté suprême !

La même voix.

Des mers pour eux il entr'ouvrit les eaux,
D'un aride rocher fit sortir des ruisseaux :
Il nous donne ses lois, il se donne lui-même :
Pour tant de biens, il commande qu'on l'aime.

Le chœur.

O divine, ô charmante loi !
Que de raisons, quelle douceur extrême
D'engager à ce Dieu son amour et sa foi !

Une autre voix seule.

Vous qui ne connaissez qu'une crainte servile,
Ingrats, un Dieu si bon ne peut-il vous charmer ?
Est-il donc à vos cœurs, est-il si difficile
  Et si pénible de l'aimer ?
  L'esclave craint le tyran qui l'outrage ;
  Mais des enfants l'amour est le partage.
Vous voulez que ce Dieu vous comble de bienfaits,
  Et ne l'aimer jamais !

Tout le chœur.

O divine, ô charmante loi !

O justice! ô bonté suprême!
Que de raisons, quelle douceur extrême
D'engager à ce Dieu son amour et sa foi!

Fin du premier Acte.

ACTE DEUXIÈME.

SCENE PREMIERE.

JOSABET, SALOMITH, LE CHOEUR.

JOSOBET.

MES filles, c'est assez; suspendez vos cantiques,
Il est temps de nous joindre aux prières publiques.
Voici notre heure; allons célébrer ce grand jour,
Et devant le Seigneur paraitre à notre tour.

SCENE II.

ZACHARIE, JOSABET, SALOMITH, LE CHOEUR.

JOSABET.

Mais que vois-je ! mon fils, quel sujet vous ramène ?
Où courez-vous ainsi, tout pâle et hors d'haleine ?

ZACHARIE.

O ma mère !

JOSABET.

Hé bien ! quoi ?

ZACHARIE.

Le temple est profané.

JOSABET.

Comment ?

ZACHARIE.

Et du Seigneur l'autel abandonné.

JOSABET.

Je tremble. Hâtez-vous d'éclaircir votre mère.

ZACHARIE.

Déjà, selon la loi, le grand-prêtre mon père,
Après avoir au Dieu qui nourrit les humains,
De la moisson nouvelle offert les premiers pains,
Lui présentait encore, entre ses mains sanglantes,
Des victimes de paix les entrailles fumantes :
Debout à ses côtés le jeune Eliacin
Comme moi le servait en long habit de lin ;
Et cependant du sang de la chair immolée
Les prêtres arrosaient l'autel et l'assemblée :
Un bruit confus s'élève, et du peuple surpris
Détourne tout-à-coup les yeux et les esprits.
Une femme... Peut-on la nommer sans blasphème !
Une femme... C'était Athalie elle-même.

JOSABET.

Ciel !

ZACHARIE.

Dans un des parvis aux hommes réservé,
Cette femme superbe entre le front levé,
Et se préparait même à passer les limites
De l'enceinte sacrée ouverte aux seuls lévites.
Le peuple s'épouvante et fuit de toutes parts.
Mon père... Ah ! quel courroux animait ses regards !
Moïse à Pharaon parut moins formidable :
« Reine, sors, a-t-il dit, de ce lieu redoutable
» D'où te bannit ton sexe et ton impiété.

» Viens-tu du Dieu vivant braver la majesté? »
La reine alors sur lui jetant un œil farouche,
Pour blasphémer sans doute ouvrait déjà la bouche :
J'ignore si de Dieu l'ange se dévoilant,
Est venu lui montrer un glaive étincelant;
Mais sa langue en sa bouche à l'instant s'est glacée.
Et toute son audace a paru terrassée;
Ses yeux, comme effrayés, n'osaient se détourner :
Surtout Eliacin paraissait l'étonner.

JOSABET.

Quoi donc! Eliacin a paru devant elle?

ZACHARIE.

Nous regardions tous deux cette reine cruelle,
Et d'une égale horreur nos cœurs étaient frappés :
Mais les prêtres bientôt nous ont enveloppés;
On nous a fait sortir. J'ignore tout le reste,
Et venais vous conter ce désordre funeste.

JOSABET.

Ah! de nos bras sans doute elle vient l'arracher,
Et c'est lui qu'à l'autel sa fureur vient chercher.
Peut-être en ce moment l'objet de tant de larmes...
Souviens-toi de David, Dieu, qui vois mes alarmes!

SALOMITH.

Quel est-il cet objet des pleurs que vous versez?

ZACHARIE.

Les jours d'Eliacin seraient-ils menacés ?

SALOMITH.

Aurait-il de la reine attiré la colère ?

ZACHARIE.

Que craint-on d'un enfant sans support et sans père ?

JOSABET.

Ah! la voici. Sortons : il la faut éviter.

SCENE III.

ATHALIE, AGAR, ABNER, suite d'Athalie.

AGAR.

Madame, dans ces lieux pourquoi vous arrêter ?
Ici tous les objets vous blessent, vous irritent.
Abandonnez ce temple aux prêtres qui l'habitent ;
Fuyez tout ce tumulte, et dans votre palais
A vos sens agités venez rendre la paix.

ATHALIE.

Non, je ne puis : tu vois mon trouble et ma faiblesse.
Va, fais dire à Mathan qu'il vienne, qu'il se presse.

Heureuse si je puis trouver par son secours
Cette paix que je cherche et qui me fuit toujours.

(Elle s'assied.)

SCÈNE IV.

ATHALIE, ABNER, suite d'Athalie.

ABNER.

Madame, pardonnez si j'ose le défendre :
Le zèle de Joad n'a point dû vous surprendre.
Du Dieu que nous servons tel est l'ordre éternel :
Lui-même il nous traça son temple et son autel,
Aux seuls enfants d'Aaron commit ses sacrifices,
Aux lévites marqua leur place et leurs offices,
Et surtout défendit à leur postérité
Avec tout autre Dieu toute société.
Eh quoi! vous de nos rois et la femme et la mère,
Êtes-vous à ce point parmi nous étrangère?
Ignorez-vous nos lois? Et faut-il qu'aujourd'hui...
Voici votre Mathan ; je vous laisse avec lui.

ATHALIE.

Votre présence, Abner, est ici nécessaire.
Laissons là de Joad l'audace téméraire,
Et tout ce vain amas de superstitions
Qui ferme votre temple aux autres nations ;
Un sujet plus pressant excite mes alarmes.
Je sais que dès l'enfance, élevé dans les armes,

Abner a le cœur noble, et qu'il rend à la fois
Ce qu'il doit à son Dieu, ce qu'il doit à ses rois :
Demeurez.

SCÈNE V.

ATHALIE, MATHAN, ABNER, SUITE D'ATHALIE.

MATHAN.

Grande reine, est-ce ici votre place ?
Quel trouble vous agite, et quel effroi vous glace ?
Parmi vos ennemis que venez-vous chercher ?
De ce temple profane osez-vous approcher ?
Avez-vous dépouillé cette haine si vive ?...

ATHALIE.

Prêtez-moi l'un et l'autre une oreille attentive.
Je ne veux point ici rappeler le passé,
Ni vous rendre raison du sang que j'ai versé :
Ce que j'ai fait, Abner, j'ai cru le devoir faire,
Je ne prends point pour juge un peuple téméraire :
Quoi que son insolence ait osé publier,
Le ciel même a pris soin de me justifier.
Sur d'éclatants succès ma puissance établie
A fait jusqu'aux deux mers respecter Athalie ;
Par moi Jérusalem goûte un calme profond ;
Le Jourdain ne voit pas l'Arabe vagabond,
Ni l'altier Philistin, par d'éternels ravages,
Comme au temps de vos rois, désoler ses rivages ;

Le Syrien me traite et de reine et de sœur;
Enfin, de ma maison le perfide oppresseur,
Qui devait jusqu'à moi pousser la barbarie,
Jéhu, le fier Jéhu, tremble dans Samarie :
De toutes parts pressé par un puissant voisin,
Que j'ai su soulever contre cet assassin,
Il me laisse en ces lieux souveraine maîtresse.
Je jouissais en paix du fruit de ma sagesse;
Mais son trouble importun vient depuis quelques jours
De mes prospérités interrompre le cours.
Un songe (me devrais-je inquiéter d'un songe !)
Entretient dans mon cœur un chagrin qui le ronge;
Je l'évite partout : partout il me poursuit.
  C'était pendant l'horreur d'une profonde nuit;
Ma mère Jésabel devant moi s'est montrée,
Comme au jour de sa mort pompeusement parée;
Ses malheurs n'avaient point abattu sa fierté;
Même elle avait encor cet éclat emprunté,
Dont elle eut soin de peindre et d'orner son visage,
Pour réparer des ans l'irréparable outrage :
« Tremble, m'a-t-elle dit, fille digne de moi.
» Le cruel Dieu des Juifs l'emporte aussi sur toi.
» Je te plains de tomber dans ses mains redoutables,
» Ma fille. » En achevant ces mots épouvantables,
Son ombre vers mon lit a paru se baisser,
Et moi je lui tendais les mains pour l'embrasser;
Mais je n'ai plus trouvé qu'un horrible mélange
D'os et de chair meurtris et traînés dans la fange,
Des lambeaux pleins de sang, et des membres affreux
Que des chiens dévorants se disputaient entre eux.

ABNER.

Grand Dieu!

ATHALIE.

Dans ce désordre à mes yeux se présente
Un jeune enfant couvert d'une robe éclatante,
Tel qu'on voit des Hébreux les prêtres revêtus.
Sa vue a ranimé mes esprits abattus ;
Mais lorsque, revenant de mon trouble funeste,
J'admirais sa douceur, son air noble et modeste,
J'ai senti tout-à-coup un homicide acier,
Que le traître en mon sein a plongé tout entier.
De tant d'objets divers le bizarre assemblage
Peut-être du hasard vous paraît un ouvrage;
Moi-même, quelque temps, honteuse de ma peur,
Je l'ai pris pour l'effet d'une sombre vapeur;
Mais de ce souvenir mon âme possédée
A deux fois, en dormant, revu la même idée;
Deux fois mes tristes yeux se sont vu retracer
Ce même enfant toujours tout prêt à me percer.
Lasse enfin des horreurs dont j'étais poursuivie,
J'allais prier Baal de veiller sur ma vie,
Et chercher du repos au pieds de ses autels ;
Que ne peut la frayeur sur l'esprit des mortels !
Dans le temple des Juifs un instinct m'a poussée,
Et d'apaiser leur Dieu j'ai conçu la pensée :
J'ai cru que des présents calmeraient son courroux,
Que ce Dieu, quel qu'il soit, en deviendrait plus doux.
Pontife de Baal, excusez ma faiblesse.

8

J'entre : le peuple fuit; le sacrifice cesse.
Le grand-prêtre vers moi s'élance avec fureur :
Pendant qu'il me parlait, ô surprise! ô terreur!
J'ai vu ce même enfant dont je suis menacée
Tel qu'un songe effrayant l'a peint à ma pensée :
Je l'ai vu : son même air, son même habit de lin,
Sa démarche, ses yeux et tous ses traits enfin.
C'est lui-même : il marchait à côté du grand-prêtre.
Mais bientôt à ma vue on l'a fait disparaître.
Voilà quel trouble ici m'oblige à m'arrêter,
Et sur quoi j'ai voulu tous deux vous consulter.
Que présage, Mathan, ce prodige incroyable?

MATHAN.

Ce songe et ce rapport, tout me semble effroyable...

ATHALIE.

Mais cet enfant fatal, Abner, vous l'avez vu :
Quel est-il? de quel sang et de quelle tribu?

ABNER.

Deux enfants à l'autel prêtaient leur ministère :
L'un est fils de Joad, Josabet est sa mère;
L'autre m'est inconnu.

MATHAN.

    Pourquoi délibérer?
De tous les deux, madame, il se faut assurer.

Vous savez pour Joad mes égards, mes mesures,
Que je ne cherche point à venger mes injures;
Que la seule équité règne en tous mes avis;
Mais lui-même, après tout, fût-ce son propre fils,
Voudrait-il un moment laisser vivre un coupable?

ABNER.

De quel crime un enfant peut-il être capable?

MATHAN.

Le ciel nous le fait voir un poignard à la main,
Le ciel est juste et sage, et ne fait rien en vain.
Que cherchez-vous de plus?

ABNER.

     Mais sur la foi d'un songe
Dans le sang d'un enfant voulez-vous qu'on se plonge?
Vous ne savez encor de quel père il est né,
Quel il est.

MATHAN.

   On le craint : tout est examiné.
A d'illustres parents s'il doit son origine,
La splendeur de son sort doit hâter sa ruine :
Dans le vulgaire obscur si le sort l'a placé,
Qu'importe qu'au hasard un sang vil soit versé?
Est-ce aux rois à garder cette lente justice?
Leur sûreté souvent dépend d'un prompt supplice.

N'allons point les gêner d'un soin embarrassant ;
Dès qu'on leur est suspect on n'est plus innocent.

ABNER.

Eh quoi! Mathan ! d'un prêtre est-ce là le langage ?
Moi, nourri dans la guerre aux horreurs du carnage,
Des vengeances des rois ministre rigoureux,
C'est moi qui prête ici ma voix aux malheureux !
Et vous, qui lui devez des entrailles de père,
Vous, ministre de paix dans les temps de colère ;
Couvrant d'un zèle faux votre ressentiment,
Le sang à votre gré coule trop lentement !
  Vous m'avez commandé de vous parler sans feinte,
Madame : quel est donc ce grand sujet de crainte ?
Un songe, un faible enfant que votre œil prévenu
Peut-être sans raison croit avoir reconnu.

ATHALIE.

Je le veux croire, Abner, je puis m'être trompée :
Peut-être un songe vain m'a trop préoccupée.
Eh bien! il faut revoir cet enfant de plus près ;
Il en faut à loisir examiner les traits.
Qu'on les fasse tous deux paraître en ma présence.

ABNER.

Je crains...

ATHALIE.

    Manquerait-on pour moi de complaisance ?

De ce refus bizarre où seraient les raisons?
Il pourrait me jeter en d'étranges soupçons.
Que Josabet, vous dis-je, ou Joad les amène.
Je puis, quand je voudrai, parler en souveraine.
Vos prêtres, je veux bien, Abner, vous l'avouer,
Des bontés d'Athalie ont lieu de se louer.
Je sais sur ma conduite et contre ma puissance,
Jusqu'où de leurs discours ils portent la licence :
Ils vivent cependant, et leur temple est debout.
Mais je sens que bientôt ma douceur est à bout.
Que Joad mette un frein à son zèle sauvage,
Et ne m'irrite point par un second outrage.
Allez.

SCÈNE VI.

ATHALIE, MATHAN, SUITE D'ATHALIE.

MATHAN.

Enfin, je puis parler en liberté,
Je puis dans tout son jour mettre la vérité :
Quelque monstre naissant dans ce temple s'élève;
Reine, n'attendez pas que le nuage crève.
Abner chez le grand-prêtre a devancé le jour;
Pour le sang de ses rois vous savez son amour.
Et qui sait si Joad ne veut point en leur place
Substituer l'enfant dont le ciel vous menace,
Soit son fils, soit quelque autre?

ATHALIE.

                      Oui, vous m'ouvrez les yeux;
Je commence à voir clair dans cet avis des cieux.
Mais je veux de mon doute être débarrassée;
Un enfant est peu propre à trahir sa pensée;
Souvent d'un grand dessein un mot nous fait juger.
Laissez-moi, cher Mathan, le voir, l'interroger.
Vous, cependant, allez, et, sans jeter d'alarmes,
A tous mes Tyriens faites prendre les armes.

SCÈNE VII.

JOAS, JOSABET, ATHALIE, ZACHARIE, ABNER, SALOMITH, DEUX LÉVITES, LE CHOEUR, SUITE D'ATHALIE.

JOSABET, *aux deux lévites.*

O vous, sur ces enfants si chers, si précieux,
Ministres du Seigneur, ayez toujours les yeux.

ABNER, *à Josabet.*

Princesse, assurez-vous, je les prends sous ma garde.

ATHALIE.

O ciel! plus j'examine et plus je le regarde...
C'est lui! D'horreur encor tous mes sens sont saisis.

(Montrant Josas.)

Epouse de Joad, est-ce là votre fils?

JOSABET.

Qui ? lui, Madame ?

ATHALIE.

Lui.

JOSABET.

Je ne suis point sa mère.

(Montrant Zacharie.)

Voilà mon fils.

ATHALIE, à *Joas.*

Et vous ? quel est donc votre père ?
Jeune enfant, répondez.

JOSABET.

Le ciel jusqu'aujourd'hui...

ATHALIE, à *Josabet.*

Pourquoi vous pressez-vous de répondre pour lui ?
C'est à lui de parler.

JOSABET.

Dans un âge si tendre,

Quel éclaircissement en pouvez-vous attendre ?

ATHALIE.

Cet âge est innocent : son ingénuité
N'altère point encore la simple vérité.
Laissez-le s'expliquer sur tout ce qui le touche !

JOSABET, *à part.*

Daigne mettre, grand Dieu! ta sagesse en sa bouche !

ATHALIE.

Comment vous nommez-vous?

JOAS.

J'ai nom Eliacin.

ATHALIE.

Votre père ?

JOAS.

Je suis, dit-on, un orphelin,
Entre les bras de Dieu jeté dès ma naissance,
Et qui de mes parents n'eut jamais connaissance.

ATHALIE.

Vous êtes sans parents ?

JOAS.

Ils m'ont abandonné.

ATHALIE.

Comment, et depuis quand?

JOAS.

Depuis que je suis né.

ATHALIE.

Ne sait-on pas au moins quel pays est le vôtre?

JOAS.

Ce temple est mon pays ; je n'en connais point d'autre.

ATHALIE.

Où dit-on que le sort vous a fait rencontrer?

JOAS.

Parmi des loups cruels prêts à me dévorer.

ATHALIE.

Qui vous mit dans ce temple?

JOAS.

Une femme inconnue,
Qui ne dit point son nom et qu'on n'a point revue.

ATHALIE.

Mais de vos premiers ans quelles mains ont pris soin ?

JOAS.

Dieu laissa-t-il jamais ses enfants au besoin ?
Aux petits des oiseaux il donne leur pâture,
Et sa bonté s'étend sur toute la nature.
Tous les jours je l'invoque, et d'un soin paternel
Il me nourrit des dons offerts sur son autel.

ATHALIE.

Quel prodige nouveau me trouble et m'embarrasse,
La douceur de sa voix, son enfance, sa grâce,
Font insensiblement à mon inimitié
Succéder... Je serais sensible à la pitié ?

ABNER.

Madame, voilà donc cet ennemi terrible?
De vos songes menteurs l'imposture est visible;
A moins que la pitié, qui semble vous troubler,
Ne soit ce coup fatal qui vous faisait trembler.

ATHALIE, *à Joas et à Josabet.*

Vous sortez ?

JOSABET.

Vous avez entendu sa fortune ;
Sa présence, à la fin, pourrait être importune.

ATHALIE.

Non : revenez. Quel est, tous les jours, votre emploi ?

JOAS.

J'adore le Seigneur ; on m'explique sa loi :
Dans son livre divin on m'apprend à la lire,
Et déjà de ma main je commence à l'écrire.

ATHALIE.

Que vous dit cette loi ?

JOAS.

Que Dieu veut être aimé ;
Qu'il venge tôt ou tard son saint nom blasphémé ;
Qu'il est le défenseur de l'orphelin timide ;
Qu'il résiste au superbe et punit l'homicide.

ATHALIE.

J'entends. Mais tout ce peuple enfermé dans ce lieu,

A quoi s'occupe-t-il ?

JOAS.

Il loue, il bénit Dieu.

ATHALIE.

Dieu veut il qu'à toute heure on prie, on le contemple ?

JOAS.

Tout profane exercice est banni de son temple.

ATHALIE.

Quels sont donc vos plaisirs ?

JOAS.

Quelquefois à l'autel
Je présente au grand prêtre ou l'encens ou le sel ;
J'entends chanter de Dieu les grandeurs infinies,
Je vois l'ordre pompeux de ses cérémonies.

ATHALIE.

Eh quoi ! vous n'avez point de passe-temps plus doux ?
Je plains le triste sort d'un enfant tel que vous ;
Venez dans mon palais, vous y verrez ma gloire.

JOAS.

Moi ! des bienfaits de Dieu je perdrais la mémoire !

ATHALIE.

Non, je ne vous veux pas contraindre à l'oublier.

JOAS.

Vous ne le priez point.

ATHALIE.

    Vous pourrez le prier.

JOAS.

Je verrais cependant en invoquer un autre.

ATHALIE.

J'ai mon Dieu que je sers ; vous servirez le vôtre :
Ce sont deux puissants dieux.

JOAS.

     Il faut craindre le mien ,
Lui seul est Dieu, Madame, et le vôtre n'est rien.

ATHALIE.

Les plaisirs près de moi vous chercheront en foule.

JOAS.

Le bonheur des méchants comme un torrent s'écoule.

ATHALIE.

Ces méchants, qui sont-ils!

JOSABET.

    Eh! Madame, excusez
Un enfant...

ATHALIE, *à Josabet.*

  J'aime à voir comme vous l'instruisez.
Enfin, Eliacin, vous avez su me plaire;
Vous n'êtes point sans doute un enfant ordinaire.
Vous voyez, je suis reine, et n'ai point d'héritier,
Laissez là cet habit, quittez ce vil métier ;
Je veux vous faire part de toutes mes richesses.
Essayez dès ce jour l'effet de mes promesses ;
A ma table, partout, à mes côtés assis,
Je prétends vous traiter comme mon propre fils.

JOAS.

Comme votre fils!

ATHALIE.

  Oui... Vous vous taisez?

JOAS.

       Quel père

Je quitterais... Et pour...

ATHALIE.

Eh bien ?...

JOAS.

Pour quelle mère !

ATHALIE, *à Josabet.*

Sa mémoire est fidèle, et dans tout ce qu'il dit,
De vous et de Joad je reconnais l'esprit.
Voilà comme, infectant cette simple jeunesse,
Vous employez tous deux le calme où je vous laisse ;
Vous cultivez déjà leur haine et leur fureur ;
Vous ne leur prononcez mon nom qu'avec horreur.

JOSABET.

Peut-on de nos malheurs leur dérober l'histoire !
Tout l'univers les sait, vous-même en faites gloire.

ATHALIE.

Oui, ma juste fureur, et j'en fais vanité,
A vengé mes parents sur ma postérité.
J'aurais vu massacrer et mon père et mon frère,
Du haut de son palais précipiter ma mère,
Et dans un même jour égorger à la fois
(Quel spectacle d'horreur !) quatre-vingts fils des rois ;

Et pourquoi? Pour venger je ne sais quels prophètes
Dont elle avait puni les fureurs indiscrètes :
Et moi, reine sans cœur, fille sans amitié,
Esclave d'une lâche et frivole pitié,
Je n'aurais pas du moins à cette aveugle rage
Rendu meurtre pour meurtre, outrage pour outrage,
Et de votre David traité tous les neveux
Comme on traitait d'Achab les restes malheureux !
Où serais-je aujourd'hui, si domptant ma faiblesse,
Je n'eusse d'une mère étouffé la tendresse ;
Si, de mon propre sang ma main versant des flots,
N'eût, par ce coup hardi, réprimé vos complots ?
Enfin de votre Dieu l'implacable vengeance
Entre nos deux maisons rompit toute alliance.
David m'est en horreur ; et les fils de ce roi,
Quoique nés de mon sang, sont étrangers pour moi.

JOSABET.

Tout vous a réussi. Que Dieu voie et nous juge.

ATHALIE.

Ce Dieu, depuis long-temps votre unique refuge,
Que deviendra l'effet de ses prédictions ?
Qu'il nous donne ce roi promis aux nations,
Cet enfant de David, votre espoir, votre attente...
Mais nous nous reverrons. Adieu, je sors contente.
J'ai voulu voir ; j'ai vu.

ABNER, *à Josabet.*

Je vous l'avais promis,
Je vous rends le dépôt que vous m'avez commis.

SCÈNE VIII.

LES PRÉCÉDENTS, *excepté Athalie*, JOAD.

JOSABET, *à Joad.*

Avez-vous entendu cette superbe reine,
Seigneur?

JOAD.

J'entendais tout, et plaignais votre peine,
Ces lévites et moi, prêts à vous secourir,
Nous étions avec vous résolus de périr.

(A Joas en l'embrassant.)

Que Dieu veille sur vous, enfant dont le courage
Vient de rendre à son nom ce noble témoignage.
Je reconnais, Abner, ce service important.
Souvenez-vous de l'heure où Joad vous attend.
Et nous, dont cette femme impie et meurtrière
A souillé les regards et troublé la prière,
Rentrons, et qu'un sang pur, par mes mains épanché
Lave jusques au marbre où ses pas ont touché.

SCÈNE IX.

LE CHOEUR.

Une des filles du chœur.

Quel astre à nos yeux vient de luire?

Quel sera quelque jour cet enfant merveilleux ?
Il brave le faste orgueilleux,
Et ne se laisse point séduire
A tous ses attraits périlleux.

Une autre.

Pendant que du dieu d'Athalie
Chacun court encenser l'autel,
Un enfant courageux publie
Que Dieu lui seul est éternel,
Et parle comme un autre Elie
Devant cette autre Jésabel.

Une autre.

Qui nous révèlera ta naissance secrète,
Cher enfant ? Es-tu fils de quelque saint prophète ?

Une autre.

Ainsi l'on vit l'aimable Samuel
Croitre à l'ombre du tabernacle ;
Il devint des Hébreux l'espérance et l'oracle.
Puisses-tu, comme lui, consoler Israël !

Une autre chante.

O bienheureux mille fois
L'enfant que le Seigneur aime,
Qui de bonne heure entend sa voix,
Et que ce Dieu daigne instruire lui-même !

Loin du monde élevé, de tous les dons des cieux
    Il est orné dès sa naissance,
  Et du méchant l'abord contagieux,
    N'altère point son innocence.

Tout le chœur.

Heureuse, heureuse l'enface
Que le Seigneur instruit et prend sous sa défense!

La même voix, seule.

    Tel en un secret vallon,
    Sur le bord d'une onde pure,
    Croît à l'abri de l'aquilon,
  Un jeune lis, l'amour de la nature.
Loin du monde élevé, de tous les dons des cieux
    Il est orné dès sa naissance,
  Et du méchant l'abord contagieux
    N'altère point son innocence.

Tout le chœur.

  Heureux, heureux mille fois
L'enfant que le Seigneur rend docile à ses lois!

Une voix seule.

  Mon Dieu, qu'une vertu naissante
Parmi tant de périls marche à pas incertains!
Qu'une âme qui te cherche, et veut être innocente,
    Trouve d'obstacle à ses desseins!

Que d'ennemis lui font la guerre !
Où se peuvent cacher tes saints !
Les pécheurs couvrent la terre.

Une autre.

O palais de David, et sa chère cité,
Mont fameux que Dieu même a long-temps habité !
Comment as-tu du ciel attiré la colère ?
Sion, chère Sion, que dis-tu quand tu vois
    Une impie étrangère
Assise, hélas ! au trône de tes rois ?

Tout le chœur.

Sion, chère Sion, que dis-tu quand tu vois
    Une impie étrangère
Assise, hélas ! au trône de tes rois ?

La même voix continue..

Au lieu des cantiques charmants
Où David t'exprimait ses saints ravissements
Et bénissait son Dieu, son Seigneur et son père ;
Sion, chère Sion, que dis-tu quand tu vois
    Louer le dieu de l'impie étrangère,
Et blasphémer le dieu qu'ont adoré tes rois.

Une voix seule.

Combien de temps, Seigneur, combien de temps encore
Verrons-nous contre toi les méchants s'élever ?

Jusque dans ton saint temple ils viennent te braver ;
Ils traitent d'ensensé le peuple qui t'adore.
Combien de temps, Seigneur, combien de temps encore
Verrons-nous contre toi les méchants s'élever ?

Une autre.

Que vous sert, disent-ils, cette vertu sauvage ?
    De tant de plaisirs si doux
    Pourquoi fuyez-vous l'usage ?
Votre Dieu ne fait rien pour vous.

Une autre.

Rions, chantons, dit cette troupe impie,
De fleurs en fleurs, de plaisirs en plaisirs,
    Promenons nos désirs.
Sur l'avenir insensé qui se fie.
De nos ans passagers le nombre est incertain ;
Hâtons-nous aujourd'hui de jouir de la vie ;
    Qui sait si nous serons demain ?

Tout le chœur.

Qu'ils pleurent, ô mon Dieu ! qu'ils frémissent de crainte,
  Ces malheureux qui de ta cité sainte
  Ne verront point l'éternelle splendeur.
C'est à nous de chanter, nous à qui tu révèles
    Tes clartés immortelles ;
C'est à nous de chanter tes dons et ta grandeur.

Une voix seule.

De tous ces vains plaisirs où leur âme se plonge,

Que leur restera-t-il ? Ce qui reste d'un songe
Dont on a reconnu l'erreur.
A leur réveil (ô réveil plein d'horreur !)
Pendant que le pauvre à ta table
Goûtera de ta paix la douceur ineffable ;
Ils boiront dans la coupe affreuse, inépuisable,
Que tu présenteras au jour de ta fureur,
A toute la race coupable.

Tout le chœur.

O réveil plein d'horreur !
O songe peu durable !
O dangereuse erreur !

ACTE TROISIÈME.

SCÈNE PREMIÈRE.

MATHAN, NABAL, LE CHOEUR.

MATHAN.

Jeune filles, allez. Qu'on dise à Josabet
Que Mathan veut ici lui parler en secret.

Une des filles du chœur.

Mathan, ô Dieu du ciel, puisses-tu le confondre !

NABAL.

Hé quoi ! tout se disperse et fuit sans vous répondre.

MATHAN.

Approchons.

SCÈNE II.

ZACHARIE, MATHAN, NABAL.

ZACHARIE.

Téméraire, où voulez-vous passer ?
Au-delà de ce lieu gardez-vous d'avancer :
C'est des ministres saints la demeure sacrée ;
Les lois à tout profane en défendent l'entrée.
Qui cherchez-vous ? Mon père, en ce jour solennel,
De l'idolâtre impur fuit l'aspect criminel ;
Et devant le Seigneur maintenant prosternée,
Ma mère en ce devoir craint d'être détournée.

MATHAN.

Mon fils, nous attendrons ; cessez de vous troubler.
C'est votre illustre mère à qui je veux parler.
Je viens ici chargé d'un ordre de la reine.

SCÈNE III.

MATHAN, NABAL.

NABAL.

Leurs enfants ont déjà leur audace hautaine.

Mais que veut Athalie en cette occasion?
D'où naît dans ses conseils cette confusion?
Par l'insolent Joad ce matin offensée,
Et d'un enfant fatal en songe menacée,
Elle allait immoler Joad à son courroux,
Et dans ce temple enfin placer Baal et vous.
Vous m'en aviez déjà confié votre joie.
Et j'espérais ma part d'une si riche proie.
Qui fait changer ainsi ses vœux irrésolus?

MATHAN.

Ami, depuis deux jours je ne la connais plus.
Ce n'est plus cette reine éclairée, intrépide,
Élevée au-dessus de son sexe timide,
Qui d'abord accablait ses ennemis surpris,
Et d'un instant perdu connaissait tout le prix :
La peur d'un vain remords trouble cette grande âme :
Elle flotte, elle hésite; en un mot elle est femme.
J'avais tantôt rempli d'amertume et de fiel
Son cœur déjà saisi des menaces du ciel;
Elle-même, à mes soins confiant sa vengeance,
M'avait dit d'assembler sa garde en diligence;
Mais, soit que cet enfant devant elle amené
De ses parents, dit-on, rebut infortuné,
Eut d'un songe effrayant diminué l'alarme,
Soit qu'elle eût même en lui vu je ne sais quel charme,
J'ai trouvé son courroux chancelant, incertain,
Et déjà remettant sa vengeance à demain.
Tous ces projets semblaient l'un l'autre se détruire.
« Du sort de cet enfant je me suis fait instruire,

» Ai-je dit; on commence à vanter ses aïeux;
» Joad de temps en temps le montre aux factieux,
» Le fait attendre aux Juifs comme un autre Moïse,
» Et d'oracles menteurs s'appuie et s'autorise. »
Ces mots ont fait monter la rougeur sur son front.
Jamais mensonge heureux n'eut un effet si prompt.
« Est-ce à moi de languir dans cette incertitude?
» Sortons, a-t-elle dit, sortons d'inquiétude.
» Vous même à Josabet prononcez cet arrêt :
» Les feux vont s'allumer, et le fer est tout prêt;
» Rien ne peut de leur temple empêcher le ravage,
» Si je n'ai de leur foi cet enfant pour otage. »

NABAL.

Hé bien ! pour un enfant qu'il ne connaissent pas,
Que le hasard peut-être a jeté dans leur bras,
Voudront-ils que leur temple enseveli sous l'herbe...

MATHAN.

Ah! de tous les mortels connais le plus superbe.
Plutôt que dans mes mains par Joad soit livré
Un enfant qu'à son Dieu Joad a consacré,
Tu lui verras subir la mort la plus terrible.
D'ailleurs, pour cet enfant leur attache est visible.
Si j'ai bien de la reine entendu le récit,
Joad sur sa naissance en sait plus qu'il ne dit.
Quel qu'il soit, je prévois qu'il leur sera funeste;
Ils le refuseront. Je prends sur moi le reste;
Et j'espère qu'enfin de ce temple odieux

Et la flamme et le fer vont délivrer mes yeux.

NABAL.

Qui peut vous inspirer une haine si forte ?
Est-ce que de Baal le zèle vous transporte ?
Pour moi, vous le savez, descendu d'Ismaël,
Je ne sers ni Baal ni le Dieu d'Israël.

MATHAN.

Ami, peux-tu penser que d'un zèle frivole
Je me laisse aveugler pour une vaine idole,
Pour un fragile bois, que malgré mon secours,
Les vers sur son autel consument tous les jours?
Né ministre du Dieu qu'en ce temple on adore,
Peut-être que Mathan le servirait encore,
Si l'amour des grandeurs, la soif de commander,
Avec son joug étroit pouvaient s'accommoder.
Qu'est-il besoin, Nabal, qu'à tes yeux je rappelle
De Joad et de moi la fameuse querelle,
Quand j'osai contre lui disputer l'encensoir :
Mes brigues, mes combats, mes pleurs, mon désespoir?
Vaincu par lui, j'entrai dans une autre carrière,
Et mon âme à la cour s'attacha tout entière.
J'approchai par degrés de l'oreille des rois,
Et bientôt en oracle on érigea ma voix.
J'étudiai leur cœur, je flattai leurs caprices,
Je leur semai de fleurs le bord des précipices :
Près de leurs passions rien ne me fut sacré,
De mesure et de poids je changeais à leur gré.

Autant que de Joad l'inflexible rudesse
De leur superbe oreille offensait la mollesse,
Autant je les charmais par ma dextérité,
Dérobant à leurs yeux la triste vérité,
Prêtant à leurs fureurs des couleurs favorables,
Et prodigue surtout du sang des misérables.
Enfin, au dieu nouveau qu'elle avait introduit
Par les mains d'Athalie un temple fut construit.
Jérusalem pleura de se voir profanée,
Des enfants de Lévi la troupe consternée,
En poussa vers le ciel des hurlements affreux ;
Moi seul, donnant l'exemple aux timides Hébreux,
Déserteur de leur loi, j'approuvai l'entreprise,
Et par-là de Baal méritai la prêtrise ;
Par-là je me rendis terrible à mon rival,
Je ceignis la tiare et marchai son égal.
Toutefois, je l'avoue, en ce comble de gloire,
Du Dieu que j'ai quitté l'importune mémoire
Jette encore en mon âme un reste de terreur ;
Et c'est ce qui redouble et nourrit ma fureur.
Heureux si, sur son temple achevant ma vengeance,
Je puis convaincre enfin sa haine d'impuissance,
Et parmi les débris, le ravage et les morts,
A force d'attentats perdre tous mes remords !
Mais voici Josabet.

SCENE IV.

JOSABET, MATHAN, NABAL.

MATHAN.

Envoyé par la reine
Pour rétablir le calme et dissiper la haine,
Princesse, en qui le ciel mit un esprit si doux,
Ne vous étonnez pas si je m'adresse à vous.
Un bruit que j'ai pourtant soupçonné de mensonge,
Appuyant les avis qu'elle a reçus en songe,
Sur Joab accusé de dangereux complots,
Allait de sa colère attirer tous les flots.
Je ne veux point ici vous vanter mes services :
De Joad contre moi je sais les injustices,
Mais il faut à l'offense opposer les bienfaits.
Enfin je viens chargé de paroles de paix,
Vivez, solennisez vos fêtes sans ombrage.
De votre obéissance elle ne veut qu'un gage :
C'est (pour l'en détourner j'ai fait ce que j'ai pu)
Cet enfant sans parents, qu'elle dit qu'elle a vu.

JOSABET.

Eliacin ?

MATHAN.

J'en ai pour elle quelque honte ;
D'un vain songe peut-être elle fait trop de compte,
Mais vous vous déclarez ses mortels ennemis,

Si cet enfant sur l'heure en mes mains n'est remis,
La reine impatiente attend votre réponse.

JOSABET.

Et voilà de sa part la paix qu'on nous annonce !

NATHAN.

Pourriez-vous un moment douter de l'accepter ?
D'un peu de complaisance est-ce trop l'acheter !

JOSABET.

J'admirais si Mathan, dépouillant l'artifice,
Avait pu de son cœur surmonter l'injustice,
Et si de tant de maux le funeste inventeur
De quelque ombre de bien pouvait être l'auteur.

NATHAN.

De quoi vous plaignez-vous ? Vient-on avec furie
Arracher de vos bras votre fils Zacharie ?
Quel est cet autre enfant si cher à votre amour ?
Ce grand attachement me surprend à mon tour.
Est-ce un trésor pour vous si précieux, si rare ?
Est-ce un libérateur que le ciel vous prépare ?...
Songez-y... Vos refus pourraient me confirmer
Un bruit sourd que déjà l'on commence à semer...

JOSABET.

Quel bruit?

MATHAN.

Que cet enfant vient d'illustre origine;
Qu'à quelque grand projet votre époux le destine.

JOSABET.

Et Mathan, par ce bruit qui flatte sa fureur...

MATHAN.

Princesse, c'est à vous à me tirer d'erreur.
Je sais que du mensonge implacable ennemie,
Josabet livrerait même sa propre vie,
S'il fallait que sa vie à sa sincérité,
Coûtât le moindre mot contre la vérité.
Du sort de cet enfant on n'a donc nulle trace?
Une profonde nuit enveloppe sa race?
Et vous-même ignorez de quels parents issu,
De quelles mains Joad en ses bras l'a reçu?
Parlez, je vous écoute, et suis prêt à vous croire.
Au Dieu que vous servez, princesse, rendez gloire.

JOSABET.

Méchant! c'est bien à vous d'oser ainsi nommer
Un Dieu que votre bouche enseigne à blasphémer!

Sa vérité par vous peut-elle être attestée?
Vous, malheureux, assis dans la chaire empestée,
Où le mensonge règne et répand son poison;
Vous, nourri dans la fourbe et dans la trahison.

SCÈNE V.

JOAD, JOSABET, MATHAN, NABAL.

JOAD.

Où suis-je? de Baal ne vois-je pas le prêtre?
Quoi! fille de David, vous parlez à ce traître!
Vous souffrez qu'il vous parle? et vous ne craignez pas
Que du fond de l'abîme entr'ouvert sous ses pas
Il ne sorte à l'instant des feux qui vous embrasent,
Ou qu'en tombant sur lui ces murs ne vous écrasent?
Que veut-il? De quel front cet ennemi de Dieu
Vient-il infecter l'air qu'on respire en ce lieu?

MATHAN.

On reconnaît Joad à cette violence.
Toutefois il devrait montrer plus de prudence,
Respecter une reine et ne pas outrager
Celui que de son ordre elle a daigné charger.

JOAD.

Hé bien! que nous fait-elle annoncer de sinistre?
Quel sera l'ordre affreux qu'apporte un tel ministre?

MATHAN.

J'ai fait à Josabet savoir sa volonté.

JOAB.

Sors donc de devant moi, monstre d'impiété.
De toutes tes horreurs, va, comble la mesure.
Dieu s'apprête à te joindre à la race parjure,
Abiron et Dathan, Doëg, Achitophel :
Les chiens à qui son bras a livré Jésabel,
Attendant que sur toi sa fureur se déploie,
Déjà sont à ta porte et demandent leur proie.

MATHAN, *troublé.*

Avant la fin du jour... on verra qui de nous...
Doit... Mais sortons, Nabal.

NABAL.

Où vous égarez-vous ?
De vos sens étonnés quel désordre s'empare ?
Voilà votre chemin.

SCÈNE VI.

JOAD, JOSABET.

JOSABET.

L'orage se déclare :
Athalie en fureur demande Éliacin.
Déjà de sa naissance et de votre dessein
On commence, seigneur, à percer le mystère...
Peut s'en faut que Mathan ne m'ait nommé son père.

JOAD.

Au perfide Mathan qui l'aurait révélé ?
Votre trouble à Mathan n'a-t-il point trop parlé ?

JOSABET.

J'ai fait ce que j'ai pu pour m'en rendre maîtresse :
Cependant, croyez-moi, seigneur, le péril presse :
Réservons cet enfant pour un temps plus heureux.
Tandis que les méchants délibèrent entre eux,
Avant qu'on l'environne, avant qu'on nous l'arrache,
Une seconde fois souffrez que je le cache ;
Les portes, les chemins lui sont encore ouverts.
Faut-il le transporter aux plus affreux déserts ?
Je suis prête : je sais une secrète issue,
Par où, sans qu'on le voie, et sans être aperçue,
Du Cédron, avec lui traversant le torrent,
J'irai dans le désert, où jadis en pleurant,

Et cherchant comme nous son salut dans la fuite,
David d'un fils rebelle évita la poursuite.
Je craindrai moins pour lui les lions et les ours...
Mais pourquoi de Jéhu refuser le secours?
Je vous ouvre peut-être un avis salutaire ;
Faisons de ce trésor Jéhu dépositaire :
On peut dans ses états le conduire aujourd'hui,
Et le chemin est court qui mène jusqu'à lui.
Jéhu n'a point un cœur farouche, inexorable ;
De David à tes yeux le nom est favorable.
Hélas! est-il un roi si dur et si cruel,
A moins qu'il n'eût pour mère une autre Jésabel,
Qui d'un tel suppliant ne plaignît l'infortune !
Sa cause à tous les rois n'est-elle pas commune ?

JOAD.

Quels timides conseils m'osez-vous suggérer ?
En l'appui de Jéhu pourriez-vous espérer ?

JOSABET.

Dieu défend-il tout soin et toute prévoyance ?
Ne l'offense-t-on point par trop de confiance ?
A ses desseins sacrés employant les humains,
N'a-t-il pas de Jéhu lui-même armé les mains !

JOAD.

Jéhu, qu'avait choisi sa sagesse profonde,
Jéhu, sur qui je vois que votre espoir se fonde,

D'un oubli trop ingrat a payé ses bienfaits ;
Jéhu laisse d'Achab l'affreuse fille en paix,
Suit des rois d'Israël les profanes exemples,
Du vil dieu de l'Egypte a conservé les temples,
Jéhu, sur les hauts lieux enfin osant offrir
Un téméraire encens que Dieu ne peut souffrir,
N'a pour servir sa cause et venger ses injures,
Ni le cœur assez droit, ni les mains assez pures.
Non, non, c'est à Dieu seul qu'il nous faut attacher :
Montrons Eliacin ; et, loin de le cacher,
Que du bandeau royal sa tête soit ornée ;
Je veux même avancer l'heure déterminée,
Avant que de Mathan le complot soit formé.

SCENE VII.

JOAD, JOSABET, AZARIAS, *suivi du chœur et de plusieurs lévites.*

JOAD.

Hé bien ! Azarias, le temple est-il fermé ?

AZARIAS.

J'en ai fait devant moi fermer toutes les portes.

JOAD.

N'y reste-t-il que vous et vos saintes cohortes !

AZARIAS.

De ses parvis sacrés j'ai deux fois fait le tour ;
Tout a fui ; tous se sont séparés sans retour,
Misérable troupeau qu'a dispersé la crainte :
Et Dieu n'est plus servi que dans la tribu sainte.
Depuis qu'à Pharaon ce peuple est échappé,
Une égale terreur ne l'avait point frappé.

JOAD.

Peuple lâche, en effet, et né pour l'esclavage,
Hardi contre Dieu seul ! Poursuivons notre ouvrage.
Mais qui retient encor ces enfants parmi nous !

Une des filles du chœur.

Hé ! pourrions-nous, seigneur, nous séparer de vous !
Dans le temple de Dieu sommes-nous étrangères !
Vous avez près de vous nos pères et nos frères.

Une autre.

Hélas ! si pour venger l'opprobre d'Israël,
Nos mains ne peuvent pas, comme autrefois Jahel,
Des ennemis de Dieu percer la tête impie,
Nous lui pouvons du moins immoler notre vie.
Quand vos bras combattront pour son temple attaqué,
Par nos larmes du moins il peut être invoqué.

JOAD.

Voilà donc quels vengeurs s'arment pour ta querelle,
Des prêtres, des enfants !... O sagesse éternelle !
Mais si tu les soutiens, qui peut les ébranler,
Du tombeau, quand tu veux, tu sais nous rappeler ;
Tu frappes et guéris, tu perds et ressuscites.
Ils ne s'assurent point en leurs propres mérites,
Mais en ton nom sur eux invoqué tant de fois,
En tes serments jurés au plus saint de leurs rois,
En ce temple où tu fais ta demeure sacrée,
Et qui doit du soleil égaler la durée.
Mais d'où vient que mon cœur frémit d'un saint effroi !
Est-ce l'Esprit divin qui s'empare de moi ?
C'est lui-même : il m'échauffe ; il parle ; mes yeux s'ouvrent,
Et les siècles obscurs devant moi se découvrent,
Lévites, de vos sons prêtez-moi les accords,
Et de ses mouvements secondez les transports.

(Le chœur chante au son de toute la symphonie des instruments.)

Que du Seigneur la voix se fasse entendre,
Et qu'à nos cœurs son oracle divin
    Soit ce qu'à l'herbe tendre
  Est, au printemps, la fraîcheur du matin.

JOAD.

Cieux, écoutez ma voix. Terre, prête l'oreille.
Ne dis plus, ô Jacob ! que ton Seigneur sommeille.
Pécheurs, disparaissez, le Seigneur se réveille.

(Ici recommence la symphonie, et Joad aussitôt reprend la parole.)

Comment en un plomb vil l'or pur (1) s'est-il changé !
Quel est dans le lieu saint ce pontife (2) égorgé !
Pleure, Jérusalem, pleure, cité perfide,
Des prophètes divins malheureuse homicide :
De son amour pour toi ton Dieu s'est dépouillé...
Ton encens à ses yeux est un encens souillé...
 Où menez-vous ces enfants et ces femmes (3)!
Le Seigneur a détruit la reine des cités :
Ses prêtres sont captifs, ses rois sont rejetés,
Dieu ne veut plus qu'on vienne à ses solennités.
Temple, renverse-toi. Cèdres, jetez des flammes.
 Jérusalem, objet de ma douleur,
Quelle main en un jour t'a ravi tous tes charmes?
Qui changera mes yeux en deux sources de larmes
  Pour pleurer ton malheur !

AZARIAS.

O saint Temple !

JOSABET.

O David !

Le chœur.

  Dieu de Sion, rappelle,
Rappelle en sa faveur tes antiques bontés.

(La symphonie recommence encore, et Joad un moment
après l'interrompt.)

---

(1) Joas. — (2) Zacharie. — (3) Captivité de Babylone.

JOAD.

Quelle Jérusalem nouvelle
Sort du fond du désert brillante de clartés,
Et porte sur le front une marque immortelle !
　　Peuples de la terre, chantez!
Jérusalem renaît **(1)** plus charmante et plus belle;
　　D'où lui viennent de tous côtés
Ces enfants **(2)** qu'en son sein elle n'a point portés !
Lève, Jérusalem, lève ta tête altière :
Regarde tous ces rois de ta gloire étonnés.
Les rois des nations, devant toi prosternés,
　　De tes pieds baisent la poussière.
Les peuples à l'envi marchent à ta lumière;
Heureux qui, pour Sion, d'une sainte ferveur
　　　Sentira son âme embrasée !
　　　Cieux, répandez votre rosée;
　　Et que la terre enfante son sauveur.

JOSABET.

Hélas! d'où nous viendra cette insigne faveur,
Si les rois de qui doit descendre ce sauveur...

JOAD.

Préparez, Josabet, le riche diadème
Que sur son front sacré David porta lui-même.

---

(1) L'Eglise. — (2) Les Gentils.

(Aux lévites.)

Et vous, pour nous armer, suivez-moi dans ces lieux
Où se garde caché, loin des profanes yeux,
Ce formidable amas de lances et d'épées
Qui du sang philistin jadis furent trempées,
Et que David vainqueur, d'ans et d'honneurs chargé,
Fit consacrer au Dieu qui l'avait protégé.
Peut-on les employer pour un plus noble usage!
Venez, je veux moi-même en faire le partage!

SCENE VIII.

SALOMITH, LE CHOEUR.

SALOMITH.

Que de craintes, mes sœurs, que de troubles mortels!
  Dieu tout-puissant, sont-ce là les prémices,
    Les parfums et les sacrifices
Qu'on devait en ce jour offrir sur tes autels!

Une des filles du chœur.

    Quel spectacle à nos yeux timides!
    Qui l'eût cru, qu'on dût voir jamais
Les glaives meurtriers, les lances homicides,
    Briller dans la maison de paix!

Une autre.

D'où vient que, pour son Dieu, pleine d'indifférence,
Jérusalem se tait en ce pressant danger!
　　D'où vient, mes sœurs, que, pour nous protéger,
Le brave Abner au moins ne rompt pas le silence!

SALOMITH.

Hélas! dans une cour où l'on n'a d'autres lois
　　　Que la force et la violence,
　　　Où les honneurs et les emplois
Sont le prix d'une aveugle et basse obéissance;
　　　Ma sœur, pour la triste innocence
　　　Qui voudrait élever sa voix!

Une autre.

Dans ce péril, dans ce désordre extrême,
Pour qui prépare-t-on le sacré diadème!

SALOMITH.

Le Seigneur a daigné parler.
Mais ce qu'à son prophète il vient de révéler,
　　　Qui pourra nous le faire entendre!
　　　　S'arme-t-il pour nous défendre!
　　　　S'arme-t-il pour nous accabler!

Tout le chœur chante.

O promesse ! ô menace ! ô ténébreux mystère !
Que de maux, que de biens sont prédits tour à tour !
   Comment peut-on avec tant de colère
      Accorder tant d'amour !

Une voix seule.

Sion ne sera plus ; une flamme cruelle
   Détruira tous ses ornements.

Une autre voix.

Dieu protége Sion ; elle a pour fondements
   Sa parole éternelle.

La première.

Je vois tout son éclat disparaître à mes yeux.

La seconde.

Je vois de toutes parts sa clarté répandue.

La première.

Dans un gouffre profond Sion est descendue.

La seconde.

Sion a son front dans les cieux.

La première.

Quel triste abaissement!

La seconde.

Quelle immortelle gloire!

La première.

Que de cris de douleurs!

La seconde.

Que de chants de victoire!

Une troisième.

Cessons de nous troubler : notre Dieu, quelque jour,
Dévoilera ce grand mystère.

Toutes trois.

Révérons sa colère,
Espérons en son amour.

Une autre.

D'un cœur qui t'aime,
Mon Dieu, qui peut troubler la paix!
Il cherche en tout ta volonté suprême,

Et ne se cherche jamais.
Sur la terre, dans le ciel même,
Est-il d'autre bonheur que la tranquille paix
D'un cœur qui t'aime !

Fin du troisième acte.

ACTE QUATRIÈME.

SCÈNE PREMIÈRE.

JOAS, JOSABET, ZACHARIE, SALOMITH,

Un lévite, le chœur.

SALOMITH.

D'un pas majestueux, à côté de ma mère,
Le jeune Eliacin s'avance avec mon frère.
Dans ces voiles, mes sœurs, que portent-ils tous deux !
Quel est ce glaive enfin qui marche devant eux !

JOSABET, *à Zacharie.*

Mon fils, avec respect posez sur cette table
De notre sainte loi le livre redoutable :
Et vous aussi, posez, aimable Eliacin,

Cet auguste bandeau près du livre divin.
Lévite, il faut placer (Joad ainsi l'ordonne)
Le glaive de David auprès de sa couronne.

JOAS.

Princesse, quel est donc ce spectacle nouveau !
Pourquoi ce livre saint, ce glaive, ce bandeau ?
Depuis que le Seigneur m'a reçu dans son temple,
D'un semblable appareil je n'ai point vu d'exemple.

JOSABET.

Tous vos doutes, mon fils, bientôt s'éclairciront.

JOAS.

Vous voulez essayer ce bandeau sur mon front !
Ah ! princesse, gardez d'en profaner la gloire :
Du roi qui l'a porté respectez la mémoire.
Un malheureux enfant aux ours abandonné...

JOSABET, *lui essayant le diadème.*

Laissez, mon fils, je fais ce qui m'est ordonné.

JOAS.

Mais j'entends les sanglots sortir de votre bouche :
Princesse, vous pleurez ! Quelle pitié vous touche ?
Est-ce qu'en holocauste aujourd'hui présenté,

Je dois, comme autrefois la fille de Jephté,
Du Seigneur, par ma mort, apaiser la colère?
Hélas! un fils n'a rien qui ne soit à son père.

JOSABET.

Voici qui vous dira les volontés des cieux;
Ne craignez rien. Et nous, sortons tous de ces lieux.

SCENE II.

JOAD, JOAS.

JOAS, *courant dans les bras du grand-prêtre.*

Mon père!

JOAD.

Eh bien ! mon fils?

JOAS.

Qu'est-ce donc qu'on prépare?

JOAD.

Il est juste, mon fils, que je vous le déclare.
Il faut que vous soyez instruit, même avant tous,
Des grands desseins de Dieu sur son peuple et sur vous.
Armez-vous d'un courage et d'une foi nouvelle :
Il est temps de montrer cette ardeur et ce zèle

Qu'au fond de votre cœur mes soins ont cultivés,
Et de payer à Dieu ce que vous lui devez.
Sentez-vous cette noble et généreuse envie?

JOAS.

Je me sens prêt, s'il veut, de lui donner ma vie.

JOAD.

On vous a lu souvent l'histoire de nos rois;
Vous souvient-il, mon fils, quelles étroites lois
Doit s'imposer un roi digne du diadème?

JOAS.

Un roi sage, ainsi Dieu (1) l'a prononcé lui-même,
Sur la richesse et l'or ne met point son appui,
Craint le Seigneur son Dieu; sans cesse a devant lui
Ses préceptes, ses lois, ses jugements sévères,
Et d'injustes fardeaux n'accable point ses frères.

JOAD.

Mais sur l'un de ces rois s'il fallait vous régler,
A qui choisiriez-vous, mon fils, de ressembler?

JOAS.

David, pour le Seigneur, plein d'un amour fidèle,
Me parait des grands rois le plus parfait modèle.

---

(1) Deuth., ch. 17.

JOAD.

Ainsi dans leurs excès vous n'imiteriez pas
L'infidèle Joram, l'impie Okosias?

JOAS.

O mon père !

JOAD.

Achevez, dites : que vous en semble ?

JOAS.

Puisse périr comme eux quiconque leur ressemble !
(Joad se prosterne à ses pieds.)

Mon père, en quel état vous vois-je devant moi !

JOAD.

Je vous rends le respect que je dois à mon roi.
De votre aïeul David, Joas rendez-vous digne.

JOAS.

Joas ? moi ?

JOAD, *se relevant.*

Vous saurez par quelle grâce insigne

D'une mère en fureur Dieu trompant le dessein,
Quand déjà son poignard était dans votre sein,
Vous choisit, vous sauva du milieu du carnage.
Vous n'êtes pas encore échappé de sa rage :
Avec la même ardeur qu'elle voulut jadis
Perdre en vous le dernier des enfants de son fils,
A vous faire périr sa cruauté s'attache,
Et vous poursuit encor sous le nom qui vous cache.
Mais sous vos étendards j'ai déjà su ranger
Un peuple obéissant et prompt à vous venger.
Entrez, généreux chefs des familles sacrées,
Du ministère saint tour à tour honorées.

SCÈNE III.

JOAS, JOAD, AZARIAS, ISMAEL,

Trois autres chefs des lévites.

JOAD.

Roi, voilà vos vengeurs contre vos ennemis ;
Prêtres, voilà le roi que je vous ai promis.

AZARIAS.

Quoi ! c'est Eliacin !

ISMAEL.

Quoi ! cet enfant aimable...

JOAD.

Est des rois de Juda l'héritier véritable,
Dernier né des enfants du triste Okosias,
Nourri, vous le savez, sous le nom de Joas.
De cette fleur si tendre et sitôt moissonnée,
Tout Juda, comme vous, plaignant la destinée,
Avec ses frères morts le crut enveloppé.
Du perfide couteau comme eux il fut frappé ;
Mais Dieu du coup mortel sut détourner l'atteinte,
Conserva dans son cœur la chaleur presque éteinte,
Permit que, des bourreaux trompant l'œil vigilant,
Josabet dans son sein l'emportât tout sanglant,
Et n'ayant de son vol que moi seul pour complice,
Dans le temple cachât l'enfant et la nourrice.

JOAS.

Hélas ! de tant d'amour et de tant de bienfaits,
Mon père, quel moyen de m'acquitter jamais !

JOAD.

Gardez pour d'autres temps cette reconnaissance.
Voilà donc votre roi, votre unique espérance ;
J'ai pris soin jusqu'ici de vous le conserver :
Ministres du Seigneur, c'est à vous d'achever.
Bientôt de Jésabel la fille meurtrière,
Instruite que Joas voit encor la lumière,
Dans l'horreur du tombeau viendra le replonger.
Déjà, sans le connaître, elle veut l'égorger.

Prêtres saints, c'est à vous de prévenir sa rage.
Il faut finir des Juifs le honteux esclavage ;
Venger vos princes morts, relever votre loi,
Et faire aux deux tribus reconnaître leur roi.
L'entreprise, sans doute, est grande et périlleuse ;
J'attaque sur son trône une reine orgueilleuse,
Qui voit sous ses drapeaux marcher un camp nombreux
De hardis étrangers, d'infidèles Hébreux ;
Mais ma force est au Dieu dont l'intérêt me guide ;
Songez qu'en cet enfant tout Israël réside.
Déjà ce Dieu vengeur commence à la troubler ;
Déjà, trompant ses soins, j'ai su vous rassembler.
Elle nous croit ici sans armes, sans défense.
Couronnons, proclamons Joas en diligence.
De là, du nouveau prince intrépides soldats,
Marchons, en invoquant l'arbitre des combats ;
Et réveillant la foi dans les cœurs endormie,
Jusque dans son palais cherchons notre ennemie.
Et quels cœurs si plongés dans un lâche sommeil,
Nous voyant avancer dans ce saint appareil,
Ne s'empresseront pas à suivre notre exemple ?
Un roi que Dieu lui-même a nourri dans son temple ;
Le successeur d'Aaron, de ses prêtres suivi,
Conduisant au combat les enfants de Lévi,
Et dans ces mêmes mains des peuples révérées,
Les armes au Seigneur par David consacrées,
Dieu sur ses ennemis répandra sa terreur,
Dans l'infidèle sang baignez-vous sans horreur ;
Frappez et Tyriens et même Israélites.
Ne descendez-vous pas de ces fameux lévites,
Qui, lorsqu'au dieu du Nil le volage Israël

Rendit dans le désert un culte criminel,
De leurs plus chers parents saintement homicides,
Consacrèrent leurs mains dans le sang des perfides ?
Et par ce noble exploit vous acquirent l'honneur
D'être seuls employés aux autels du Seigneur ?
Mais je vois que déjà vous brûlez de me suivre;
Jurez donc, avant tout, sur cet auguste livre,
A ce roi que le ciel vous redonne aujourd'hui,
De vivre, de combattre et de mourir pour lui.

AZARIAS, au bout de la table, ayant la main sur
le livre saint.

Oui, nous jurons ici pour nous, pour tous nos frères,
De rétablir Joas au trône de ses pères;
De ne poser le fer entre nos mains remis,
Qu'après l'avoir vengé de tous ses ennemis.
Si quelque transgresseur enfreint cette promesse,
Qu'il éprouve, grand Dieu, ta fureur vengeresse,
Qu'avec lui ses enfants, de ton partage exclus,
Soit au rang de ces morts que tu ne connais plus.

JOAD.

Et vous, à cette loi, votre règle éternelle,
Roi, ne jurez-vous pas d'être toujours fidèle ?

JOAS.

Pourrais-je à cette loi ne pas me conformer ?

JOAD.

O mon fils ! de ce nom j'ose encore vous nommer,
Souffrez cette tendresse, et pardonnez aux larmes
Que m'arrachent pour vous de trop justes alarmes.
Loin du trône nourri, de ce fatal honneur,
Hélas ! vous ignorez le charme empoisonneur :
De l'absolu pouvoir vous ignorez l'ivresse,
Et des lâches flatteurs la voix enchanteresse.
Bientôt ils vous diront que les plus saintes lois,
Maîtresses du vil peuple, obéissent aux rois ;
Qu'un roi n'a d'autre frein que sa volonté même,
Qu'il doit immoler tout à sa grandeur suprême ;
Qu'aux larmes, au travail le peuple est condamné,
Et d'un sceptre de fer veut être gouverné ;
Que, s'il n'est opprimé, tôt ou tard il opprime.
Ainsi de piége en piége, et d'abîme en abîme,
Corrompant de vos mœurs l'aimable pureté,
Ils vous feront enfin haïr la vérité,
Vous peindront la vertu sous une affreuse image.
Hélas ! ils ont des rois égaré le plus sage ;
Promettez sur ce livre, et devant ces témoins,
Que Dieu sera toujours le premier de vos soins ;
Que, sévère aux méchants, et des bons le refuge,
Entre le pauvre et vous vous prendrez Dieu pour juge ;
Vous souvenant, mon fils, que, caché sous ce lin,
Comme eux vous fûtes pauvre, et comme eux orphelin.

JOAS, *au milieu de la table, ayant la main sur le livre saint.*

Je promets d'observer ce que la loi m'ordonne ;
Mon Dieu, punissez moi si je vous abandonne.

JOAD.

Venez, de l'huile sainte il faut vous consacrer.
Paraissez, Josabet, vous pouvez vous montrer.

SCÈNE IV.

LES PRÉCÉDENTS, JOSABET, ZACHARIE, SALOMITH, LE CHOEUR.

JOSABET, *embrassant Joas.*

O r , fils de David !

JOAS.

O mon unique mère ;
Venez, cher Zacharie, embrasser votre frère.

JOSABET, *à Zacharie.*

Aux pieds de votre roi prosternez-vous, mon fils.

(Zacharie se jette aux pieds de Joas.)

JOAD, *pendant qu'ils s'embrassent..*

Enfants, ainsi toujours puissiez-vous être unis !

JOSABET, *à Joas.*

Vous savez donc quel sang vous a donné la vie?

JOAS.

Et je sais quelle main sans vous me l'eût ravie.

JOSABET.

De votre nom, Joas, je puis donc vous nommer?

JOAS.

Joas ne cessera jamais de vous aimer.

Une voix.

Quoi! c'est là...

JOSABET.

C'est Joas.

JOAD.

Ecoutons ce lévite.

SCÈNE V.

LES PRÉCÉDENTS, UN LÉVITE.

UN LÉVITE.

J'ignore contre Dieu quel projet on médite ;
Mais l'airain menaçant frémit de toutes parts.
On voit luire des feux parmi des étendards,
Et sans doute Athalie assemble son armée.
Déjà même au secours toute voie est fermée,
Déjà le sacré mont où le temple est bâti
D'insolents Tyriens est partout investi.
L'un d'eux, en blasphémant, vient de nous faire entendre
Qu'Abner est dans les fers et ne peut nous défendre.

JOSABET, *à Joas.*

Cher enfant, que le ciel en vain m'avait rendu,
Hélas ! pour vous sauver j'ai fait ce que j'ai pu,
Dieu ne se souvient plus de David votre père.

JOAD, *à Josabet.*

Quoi ! vous ne craignez pas d'attirer sa colère
Sur vous et sur ce roi si cher à votre amour,
Et quand Dieu, de vos bras l'arrachant sans retour
Voudrait que de David la maison fut éteinte,
N'êtes-vous pas ici sur la montagne sainte
Où le père des Juifs, sur son fils innocent,
Leva, sans murmurer, un bras obéissant,

Et mit sur un bûcher ce fruit de sa vieillesse,
Laissant à Dieu le soin d'accomplir sa promesse,
Et lui sacrifiant, avec ce fils aimé,
Tout l'espoir de sa race en lui seul renfermé ?
Amis, partageons-nous ; qu'Ismaël en sa garde
Prenne tout le côté que l'orient regarde :
Vous, le côté de l'ourse ; et vous, de l'occident :
Vous, le midi ; qu'aucun, par un zèle imprudent,
Découvrant mes desseins, soit prêtre, soit lévite,
Ne sorte avant le temps et ne se précipite ;
Et que chacun enfin, d'un même esprit poussé,
Garde, en mourant, le poste où je l'aurai placé.
L'ennemi nous regarde, en son aveugle rage,
Comme de vils troupeaux réservés au carnage,
Et croit ne rencontrer que désordre et qu'effroi.
Qu'Azarias partout accompagne le roi.

(à Joas.)

Venez, cher rejeton d'une vaillante race,
Remplir vos défenseurs d'une nouvelle audace ;
Venez du diadème à leurs yeux vous couvrir,
Et périssez du moins en roi, s'il faut périr.

(à un lévite.)

Suivez-le, Josabet. Vous, donnez-moi ces armes.

(au chœur.)

Enfants, offrez à Dieu vos innocentes larmes.

SCENE VI.

SALOMITH, LE CHOEUR.

Le chœur chante.

Partez, enfants d'Aaron, partez;
Jamais plus illustre querelle
De vos aïeux n'arma le zèle.
Partez, enfants d'Aaron, partez
C'est votre roi, c'est Dieu pour qui vous combattez.

Une voix seule.

Où sont les traits que tu lances,
Grand Dieu, dans ton juste courroux?
N'est-tu plus le Dieu jaloux?
N'es-tu plus le Dieu des vengeances?

Une autre.

Où sont, Dieu de Jacob, tes antiques bontés?
Dans l'horreur qui nous environne
N'entends-tu que la voix de nos iniquités?
N'es-tu plus le Dieu qui pardonne.

Le chœur.

Où sont, Dieu de Jacob, tes antiques bontés?

Une voix seule.

C'est à toi que dans cette guerre
Les flèches des méchants prétendent s'adresser.
Faisons, disent-ils, cesser
Les fêtes de Dieu sur la terre;
De son joug importun délivrons les mortels;
Massacrons tous ses saints, renversons ses autels,
Que de son nom, que de sa gloire
Il ne reste plus de mémoire.
Que ni lui ni son Christ ne règnent plus sur nous.

Le chœur.

Où sont les traits que tu lances,
Grand Dieu, dans ton juste courroux?
N'es-tu plus le Dieu jaloux?
N'es-tu plus le Dieu des vengeances?

Une voix seule.

Triste reste de nos rois,
Chère et dernière fleur d'une tige si belle,
Hélas! sous le couteau d'une mère cruelle
Te verrons-nous tomber une seconde fois!
Prince aimable, dis-nous si quelque ange, au berceau,
Contre tes assassins prit soin de te défendre;
Ou si dans la nuit du tombeau
La voix du Dieu vivant a ranimé ta cendre.

Une autre.

D'un père et d'un aïeul contre toi révoltés,
Grand Dieu, les attentats lui sont-ils imputés?
Est-ce que sans retour ta pitié l'abandonne?

Le chœur.

Où sont, Dieu de Jacob, tes antiques bontés!
N'es-tu plus le Dieu qui pardonne?

Une des filles du chœur, sans chanter.

Chères sœurs, n'entendez-vous pas
Des cruels Tyriens la trompette qui sonne?

SALOMITH.

J'entends même les cris des barbares soldats,
Et d'horreur j'en frisonne.
Courons, fuyons, retirons-nous
A l'ombre salutaire
Du redoutable sanctuaire.

Fin du quatrième Acte.

ACTE CINQUIÈME.

SCÈNE PREMIÈRE.

ZACHARIE, SALOMITH, LE CHOEUR.

SALOMITH.

Cher Zacharie, eh bien ! que nous apprenez-vous ?
Les ennemis de Dieu ressentent-ils nos coups ?

ZACHARIE.

Redoublez au Seigneur votre ardente prière ;

Peut-être nous touchons à notre heure dernière :
Pour l'horrible combat, ma sœur, l'ordre est donné.

SALOMITH.

Que fait Joas?

ZACHARIE.

Joas vient d'être couronné.
Le grand-prêtre a sur lui répandu l'huile sainte.
O ciel! dans tous les yeux quelle joie était peinte
A l'aspect de ce roi racheté du tombeau !
Ma sœur, on voit encore la marque du couteau.
On voit paraître aussi sa fidèle nourrice,
Qui cachée en un coin de ce vaste édifice,
Gardait ce cher dépôt, et n'avait de ses soins
Que les vœux de ma mère, et que Dieu pour témoins.
Nos lévites pleuraient de joie et de tendresse,
Et mêlaient leurs sanglots à leurs cris d'allégresse;
Lui, parmi ces transports, affable et sans orgueil,
A l'un tendait la main, flattait l'autre de l'œil ;
Jurait de se régler par leurs avis sincères,
Et les appelait tous ses pères ou ses frères.

SALOMITH.

Ce secret au-dehors est-il aussi semé ?

ZACHARIE.

Ce secret dans le temple est encor renfermé.

Des enfants de Lévi la troupe partagée,
Dans un profond silence aux portes s'est rangée.
Tous doivent à la fois précipiter leurs pas,
Et crier pour signal : Vive le roi Joas!
Mais mon père défend que le roi se hasarde,
Et veut qu'Azarias demeure pour sa garde.
Cependant Athalie, un poignard à la main,
Rit des faibles remparts de nos portes d'airain;
Pour les rompre elle attend les fatales machines
Et ne respire enfin que sang et que ruines.
Quelques prêtres, ma sœur, ont d'abord proposé
Qu'en un lieu souterrain par nos pères creusé,
On renfermât du moins notre arche précieuse :
O crainte! a dit mon père, indigne, injurieuse!
L'arche qui fit tomber tant de superbes tours,
Et força le Jourdain de rebrousser son cours,
Des dieux des nations tant de fois triomphante,
Fuirait donc à l'aspect d'une femme insolente!
Ma mère, auprès du roi, dans un trouble mortel,
L'œil tantôt sur ce prince et tantôt sur l'autel,
Muette, et succombant sous le poids des alarmes,
Aux yeux les plus cruels arracherait des larmes.
Le roi de temps en temps la presse entre ses bras,
La flatte... Chères sœurs, suivez toutes mes pas.
Et s'il faut aujourd'hui que notre roi périsse,
Allons, qu'un même sort avec lui nous unisse.

SALOMITH.

Quelle insolente main frappe à coups redoublés?
Qui fait courir ainsi ces lévites troublés?

Quelle précaution leur fait cacher leurs armes ?
Le temple est-il forcé ?

ZACHARIE.

Dissipez vos alarmes,
Dieu nous envoie Abner.

SCÈNE II.

ABNER, JOAD, JOSABET, ZACHARIE, SALOMITH,
ISMAEL, DEUX LÉVITES.

JOAD.

En croirai-je mes yeux,
Cher Abner ? Quel chemin a pu jusqu'en ces lieux
Vous conduire au travers d'un camp qui nous assiége ?
On disait que d'Achab la fille sacrilége
Avait, pour assurer ses projets inhumains,
Chargé d'indignes fers vos généreuses mains !

ABNER.

Oui, seigneur ; elle a craint mon zèle et mon courage ;
Mais c'est le moindre prix que me gardait sa rage.
Dans l'horreur d'un cachot, par son ordre enfermé,
J'attendais que le temple en cendres consumé,
De tant de flots de sang non encore assouvie,
Elle vînt m'affranchir d'une importune vie,
Et retrancher des jours qu'aurait dû mille fois

Terminer la douleur de survivre à mes rois.

JOAD.

Par quel miracle a-t-on obtenu votre grâce?

ABNER.

Dieu dans ce cœur cruel sait seul ce qui se passe.
Elle m'a fait venir ; et d'un air égaré :
« Tu vois de mes soldats tout ce temple entouré,
» Dit-elle ; un feu vengeur va le réduire en cendre,
» Et ton Dieu contre moi ne le saurait défendre ;
» Ses prêtres toutefois (mais il faut se hâter)
» A deux conditions peuvent se racheter.
» Qu'avec Eliacin on mette en ma puissance
» Un trésor dont je sais qu'ils ont la connaissance,
» Par votre roi David autrefois amassé,
» Sous le sceau du secret au grand-prêtre laissé :
» Va, dis-leur qu'à ce prix je leur permets de vivre. »

JOAD.

Quel conseil, cher Abner, croyez-vous qu'on doit suivre?

ABNER.

Et tout l'or de David, s'il est vrai qu'en effet
Vous gardiez de David quelque trésor secret;
Et tout ce que des mains de cette reine avare
Vous avez pu sauver et de riche et de rare,
Donnez-le. Voulez-vous que d'impurs assassins

Viennent briser l'autel, brûler les chérubins,
Et, portant sur notre arche une main téméraire,
De votre propre sang souiller le sanctuaire?

JOAD.

Mais siérait-il, Abner, à des cœurs généreux,
De livrer au supplice un enfant malheureux,
Un enfant que Dieu même à ma garde confie,
Et de nous racheter aux dépens de sa vie?

ABNER.

Hélas! Dieu voit mon cœur. Plût à ce Dieu puissant
Qu'Athalie oubliât un enfant innocent,
Et que du sang d'Abner sa cruauté contente
Crût calmer par ma mort le ciel qui la tourmente!
Mais que peuvent pour lui vos inutiles soins?
Quand vous périrez tous! en périra-t-il moins?
Dieu vous ordonne-t-il de tenter l'impossible?
Pour obéir aux lois d'un tyran inflexible,
Moïse, par sa mère au Nil abandonné,
Se vit, presque en naissant, à périr condamné;
Mais Dieu, le conservant contre toute espérance,
Fit par le tyran même élever son enfance.
Qui sait ce qu'il réserve à votre Eliacin;
Et si, lui préparant un semblable destin,
Il n'a point de pitié déjà rendu capable
De nos malheureux rois l'homicide implacable?
Du moins (et Josabet comme moi l'a pu voir)
Tantôt à son aspect je l'ai vu s'émouvoir;

J'ai vu de son courroux tomber la violence.

(à Josabet.)

Princesse, en ce péril vous gardez le silence?
Eh quoi! pour un enfant qui vous est étranger,
Souffrez-vous que sans fruit Joad laisse égorger
Vous, son fils, tout ce peuple, et que le feu dévore
Le seul lieu sur la terre où Dieu veut qu'on l'adore?
Que feriez-vous de plus si des rois vos aïeux
Ce jeune enfant était un reste précieux?

JOSABET, *bas à Joad.*

Pour le sang de ses rois vous voyez sa tendresse,
Que ne lui parlez-vous?

JOAD.

Il n'est pas temps, princesse.

ABNER.

Le temps est cher, seigneur, plus que vous ne le pensez.
Tandis qu'à me répondre ici vous balancez,
Mathan, près d'Athalie étincelant de rage,
Demande le signal et presse le carnage;
Faut-il que je me jette à vos sacrés genoux?
Au nom du lieu si saint qui n'est ouvert qu'à vous,
Dieu terrible où de Dieu la majesté repose,
Quelque dure que soit la loi qu'on vous impose,
De ce coup imprévu songeons à nous parer.

Donnez-moi seulement le temps de respirer :
Demain, dès cette nuit, je prendrai des mesures
Pour assurer le temple et venger ses injures...
Mais je vois que mes pleurs et que mes vains discours,
Pour vous persuader sont d'un faible secours ;
Votre austère vertu n'en peut être frappée ;
Eh bien ! trouvez-moi donc quelque arme, quelque épée,
Et qu'aux portes du temple où l'ennemi m'attend,
Abner puisse du moins mourir en combattant !

JOAD.

Je me rends. Vous m'ouvrez un avis que j'embrasse :
De tant de maux, Abner, détournons la menace :
Il est vrai, de David un trésor est resté ;
La garde en fut commise à ma fidélité.
C'était des tristes Juifs l'espérance dernière,
Que mes soins vigilants cachaient à la lumière ;
Mais, puisqu'à votre reine il faut le découvrir,
Je vais la contenter ; nos portes vont s'ouvrir.
De ses plus braves chefs qu'elle entre accompagnée,
Mais de nos saints autels qu'elle tienne éloignée
D'un amas d'étrangers l'indiscrète fureur ;
Du pillage du temple épargnez-moi l'horreur.
Des prêtres, des enfants lui feraient-ils quelque ombre ?
De sa suite avec vous qu'elle règle le nombre.
Et quant à cet enfant si craint, si redouté,
De votre cœur, Abner, je connais l'équité :
Je vous veux devant elle expliquer sa naissance :
Vous verrez s'il le faut remettre en sa puissance,
Et je vous ferai juge entre Athalie et lui.

ABNER.

Ah ! je le prends déjà, seigneur, sous mon appui.
Ne craignez rien. Je cours vers celle qui m'envoie.

SCENE III.

JOAD, JOSABET, ZACHARIE, SALOMITH, ISMAEL,
DEUX LÉVITES, LE CHOEUR.

JOAD.

Grand Dieu ! voici ton heure, on t'amène ta proie.
Ismaël, écoutez.

(Il lui parle bas.)

JOSABET.

Puissant maître des cieux,
Remets-lui le bandeau dont tu couvris ses yeux,
Lorsque, lui dérobant tout le fruit de son crime,
Tu cachas dans mon sein cette tendre victime !

JOAD.

Allez, sage Ismaël, ne perdez point de temps :
Suivez de point en point ces ordres importants.
Surtout qu'à son entrée et que sur son passage
Tout d'un calme profond lui présente l'image.
Vous, enfants ! préparez un trône pour Joas ;

Qu'il s'avance suivi de nos sacrés soldats.
Faites venir aussi sa fidèle nourrice,
Princesse, et de vos pleurs que la source tarisse.

(à un lévite.)

Vous, dès que cette reine, ivre d'un fol orgueil,
De la porte du temple aura passé le seuil,
Qu'elle ne pourra plus retourner en arrière,
Prenez soin qu'à l'instant la trompette guerrière
Dans le camp ennemi jette un subit effroi :
Appelez tout le peuple au secours de son roi,
Et faites retentir jusques à son oreille
De Joas conservé l'étonnante merveille.
Il vient.

SCÈNE IV.

JOAS, JOAD, JOSABET, ZACHARIE, SALOMITH, AZARIAS, TROUPES DE PRÊTRES ET DE LÉVITES, LE CHOEUR.

JOAD.

Lévites saints, prêtres de notre Dieu,
Partout, sans vous montrer, environnez ce lieu ;
Et, laissant à mes soins gouverner votre zèle,
Pour paraître attendez que ma voix vous appelle.

(Ils se cachent tous.)

Roi, je crois qu'à vos vœux cet espoir est permis,

Venez voir à vos pieds tomber vos ennemis.
Celle dont la fureur poursuivit votre enfance,
Vers ces lieux à grands pas pour vous perdre s'avance :
Mais ne la craignez point. Songez qu'autour de vous
L'ange exterminateur est debout avec nous.
Montez sur votre trône, et... Mais la porte s'ouvre :
Permettez un moment que ce voile vous couvre.

(Il tire un rideau.)

Vous changez de couleur, princesse ?

JOSABET.

Ah ! sans pâlir
Puis-je voir d'assassins le temple se remplir ?
Quoi ! ne voyez-vous pas quelle nombreuse escorte...

JOAD.

Je vois que du saint temple on referme la porte.
Tout est en sûreté.

SCÈNE V.

ATHALIE, JOAS, *caché derrière le rideau*, JOAD, JOSABET, ABNER; *suite d'Athalie*.

ATHALIE, *à Joad*.

Te voilà, séducteur,
De ligues, de complots, pernicieux auteur,

Qui dans le trouble seul a mis tes espérances!
Eternel ennemi des suprêmes puissances,
En l'appui de ton Dieu tu t'étais reposé :
De ton espoir frivole es-tu désabusé?
Il laisse en mon pouvoir et son temple et ta vie.
Je devrais sur l'autel où ta main sacrifie
Te... Mais du prix qu'on m'offre il faut me contenter.
Ce que tu m'as promis songe à l'exécuter.
Cet enfant, ce trésor, qu'il faut qu'on me remette,
Où, sont-ils?

JOAD.

Sur-le-champ tu seras satisfaite;
Je te les vais montrer l'un et l'autre à la fois.
Paraissez, cher enfant, digne sang de nos rois.

(Le rideau étant tiré, on voit Joas sur son trône; sa nourrice est à genoux à sa droite; Azarias, l'épée à la main, est debout à sa gauche, et près de lui Zacharie et Salomith sont à genoux sur les degrés du trône; plusieurs lévites, l'épée à la main, sont rangés sur les côtés.)

Connais-tu l'héritier du plus saint des monarques,
Reine? de ton poignard connais du moins ces marques.
Voilà ton roi, ton fils, le fils d'Okosias.
Peuples, et vous, Abner, reconnaissez Joas.

ABNER.

Ciel!

ATHALIE, à *Joad*.

Perfide !

JOAD.

Vois-tu cette Juive fidèle
Dont tu sais bien qu'alors il suçait la mamelle ?
Il fut par Josabet à ta rage enlevé ;
Ce temple le reçut, et Dieu l'a conservé.
Des trésors de David voilà ce qui me reste.

ATHALIE.

Ta fourbe à cet enfant, traître, sera funeste.
D'un fantôme odieux, soldats, délivrez-moi.

JOAD.

Soldats du Dieu vivant, défendez votre roi.

(Ici le fond du théâtre s'ouvre. On voit le dedans du temple, et les lévites armés entrent de tous côtés sur la scène.)

ATHALIE.

Où suis-je ? ô trahison ! ô reine infortunée !
D'armes et d'ennemis je suis environnée.

JOAD.

Tes yeux cherchent en vain, tu ne peux échapper ;
Et Dieu de toutes parts a su t'envelopper.
Ce Dieu que tu bravais en nos mains t'a livrée :
Rends-lui compte du sang dont tu t'es enivrée.

ATHALIE.

Quoi! la peur a glacé mes indignes soldats!
Lâche Abner, dans quel piége as-tu conduit mes pas.

ABNER.

Reine, Dieu m'est témoin...

ATHALIE.

     Laisse là ton Dieu, traître,
Et venge-moi.

ABNER, *se jetant aux pieds de Joas.*

Sur qui? Sur Joas! sur mon maître!

ATHALIE.

Lui, Joas? lui, ton roi? Songez, méchants, songez
Que mes armes encor vous tiennent assiégés.
J'entends à haute voix tout mon camp qui m'appelle,
On vient à mon secours. Tremblez, troupe rebelle.

SCÈNE VI.

ISMAEL, JOAS, JOAD, ATHALIE, *et tous les acteurs de la scène précédente.*

ISMAEL, à *Joad.*

Seigneur, le temple est libre et n'a plus d'ennemis;

L'étranger est en fuite, et le Juif est soumis.
Comme le vent dans l'air dissipe la fumée,
La voix du Tout-Puissant a chassé cette armée.
Nos lévites, du haut de nos sacrés parvis,
D'Okosias au peuple ont annoncé le fils,
Ont conté son enfance au glaive dérobée,
Et la fille d'Achab dans le piége est tombée.
Partout en même temps la trompette a sonné,
Et ses sons et leurs cris, dans son camp étonné,
Ont répandu le trouble et la terreur subite
Dont Gédéon frappa le fier Madianite.
Les Tyriens, jetant armes et boucliers,
Ont par divers chemins disparu les premiers.
Quelques Juifs éperdus ont aussi pris la fuite ;
Mais de Dieu sur Joas admirant la conduite,
Le reste à haute voix s'est pour lui déclaré.
Enfin, d'un même esprit tout le peuple inspiré,
Femmes, vieillards, enfants, s'embrassant avec joie,
Bénissent le Seigneur et celui qu'il envoie ;
Tous chantent de David le fils ressuscité.
Baal est en horreur dans la sainte cité ;
De son temple profane on a brisé les portes ;
Mathan est égorgé.

ATHALIE.

Dieu des Juifs, tu l'emportes !
Oui, c'est Joas : je cherche en vain à me tromper ;
Je reconnais l'endroit où je le fis frapper ;
Je vois d'Okosias et le port et le geste ;
Tout me retrace enfin un sang que je déteste.

David, David triomphe : Achab seul est détruit.
Impitoyable Dieu, toi seul as tout conduit ;
C'est toi qui, me flattant d'une vengeance aisée,
M'as vingt fois en un jour à moi-même opposée;
Tantôt pour un enfant excitant mes remords,
Tantôt m'éblouissant de tes riches trésors
Que j'ai craint de livrer aux flammes, au pillage.
Qu'il règne donc ce fils, ton soin et ton ouvrage !
Et que, pour signaler son empire nouveau,
On lui fasse en mon sein enfoncer le couteau !
Voici ce qu'en mourant lui souhaite sa mère :
Que dis-je, souhaiter ! je me flatte, j'espère
Qu'indocile à ton joug, fatigué de ta loi,
Fidèle au sang d'Achab qu'il a reçu de moi,
Conforme à son aïeul, à son père semblable,
On verra de David l'héritier détestable,
Abolir tes honneurs, profaner ton autel,
Et venger Athalie, Achab et Jésabel.

(Athalie sort, les lévites la suivent.)

JOAD.

Qu'à l'instant hors du temple elle soit emmenée,
Et que la sainteté n'en soit point profanée.
Allez, sacrés vengeurs de vos princes meurtris,
De leur sang par sa mort faire cesser les cris.
Si quelque audacieux embrasse sa querelle,
Qu'à la fureur du glaive on le livre avec elle.

SCENE VII.

JOAS, JOAD, JOSABET, ABNER, *et tous les acteurs de la scène précédente.*

JOAS, *descendu de son trône.*

Dieu, qui voyez mon trouble et mon affliction,
Détournez loin de moi sa malédiction,
Et ne souffrez jamais qu'elle soit accomplie.
Faites que Joas meure avant qu'il vous oublie.

JOAD, *aux lévites.*

Appelez tout le peuple, et montrons-lui son roi :
Qu'il lui vienne en ses mains renouveler sa foi.
Roi, prêtres, peuples, allons, pleins de reconnaissance,
De Jacob avec Dieu confirmer l'alliance,
Et, saintement confus de nos égarements,
Nous rengager à lui par de nouveaux serments.
Abner, auprès du roi reprenez votre place.

SCÈNE VIII, ET DERNIÈRE.

UN LÉVITE, JOAS, JOAD, *et tous les acteurs de la scène précédente.*

JOAD, *au lévite.*

Eh bien! de cette impie a-t-on puni l'audace?

LE LÉVITE.

Le fer a de sa vie expié les horreurs.
Jérusalem, long-temps en proie à ses fureurs,
De son joug odieux à la fin soulagée,
Avec joie en son sang la regarde plongée.

JOAD.

Par cette fin terrible, et due à ses forfaits,
Apprenez, roi des Juifs, et n'oubliez jamais,
Que les rois dans le ciel ont un juge sévère,
L'innocence un vengeur, et l'orphelin un père.

FIN D'ATHALIE.

LA RELIGION,

POËME,

PAR LOUIS RACINE.

Louis RACINE, fils de Jean, naquit à Paris en 1692. Ayant perdu son père de bonne heure, il demanda des avis à Boileau, son ancien ami, qui lui conseilla de ne pas s'appliquer à la poésie ; mais son penchant pour les muses l'entraîna. Les ouvrages qui ont illustré sa mémoire sont deux poëmes, l'un sur la Religion, qui offre les grâces de la vérité et de la poésie ; l'autre sur la Grâce. Mais celui-ci est loin d'avoir le mérite du premier. Un fils unique, fruit d'une heureuse union, lui donnait de grandes espérances, lorsqu'un accident l'enleva à sa tendresse. Racine, vivement affligé de cette perte, ne traîna plus qu'une vie triste, et mourut dans de grands sentiments de religion, en **1763**, à **71 ans**.

PRÉFACE.

La raison, qui me démontre avec tant de clarté l'existence d'un Dieu, me répond si obscurément lorsque je l'interroge sur la nature de mon âme, et garde un silence si profond quand je lui demande la cause des contrariétés qui sont en moi, qu'elle-même me fait sentir la nécessité d'une révélation, et me force à la désirer. Je cherche parmi les différentes religions celle dont cette révélation doit être le fondement. Par le premier de tous les livres, que me donne le premier de tous les peuples, et par la suite de l'histoire du monde, je trouve à la religion chrétienne tous les caractères de certitude que je souhaite. Plein d'admiration pour elle, je m'y soumettrais aussitôt, si je n'étais arrêté par l'obscurité de ses mystères et par la sévérité de sa morale. J'examine la faiblesse de mon esprit, et je reconnais que ma raison ne doit pas être ma seule lumière. J'examine mon cœur, et je reconnais que la morale chrétienne est conforme à ses besoins. J'embrasse avec joie une religion aussi aimable que respectable.

Tel est le plan de cet ouvrage, que j'ai conduit sur cette courte pensée de M. Pascal : *A ceux qui ont de la répugnance pour la religion, il faut commencer par leur montrer qu'elle n'est pas contraire à la raison; ensuite qu'elle est vénérable; après, la rendre aimable, faire souhaiter qu'elle soit vraie, montrer qu'elle est vraie, et enfin qu'elle est aimable.*

Cette pensée est l'abrégé de tout ce poëme, dans lequel j'ai souvent fait usage des autres pensées du même auteur, aussi bien que des sublimes réflexions de M. de Meaux sur l'histoire universelle. En suivant ces deux grands maîtres, j'ai choisi les deux hommes qui ont écrit sur la religion de la manière la plus convaincante, la plus noble et la plus digne d'elle.

Quoique chaque chant contienne une matière différente, et fasse, pour ainsi dire, un poëme particulier, ils doivent tous cependant répondre au dessein général, et être liés ensemble; de façon que le premier amène le second, celui-ci le troisième, et ainsi des autres.

CHANT 1.

La vérité fondamentale de toutes les autres vérités est l'existence d'un Dieu. Elle fait le sujet du premier chant. J'en tire la preuve des merveilles de la nature et de l'harmonie de toutes ses parties, qui, concourant à la même fin, font voir l'unité du dessein de l'ouvrier. Je montrerai dans la suite que cette même unité de dessein règne aussi dans l'établissement de la religion, parce que ces deux grands ouvrages ont le même auteur. L'idée que nous avons d'un Dieu me fournit la seconde preuve. Cette idée est commune à tous les hommes, qui n'ont couru après les fausses divinités que parce qu'ils cherchaient la véritable. Ainsi l'idolâtrie me fournit une nouvelle preuve. La dernière preuve est prise de notre conscience intérieure, et de la loi naturelle, qui, avant toutes les autres lois, a toujours forcé les hommes à condamner l'injustice et à admirer la vertu.

CHANT II.

La nécessité de se bien connaître soi-même, pour bien connaître Dieu, conduit au second chant : j'imite le langage d'un homme qui, après avoir perdu ses premières années dans des études frivoles, veut faire la plus importante des études, qui est celle de soi-même. J'ouvre les yeux sur moi, et je suis étonné des contrariétés que j'y trouve. Que suis-je? Mon bonheur ne peut-être ici-bas, puisque j'y dois rester si peu. Quand j'en sortirai, où irai-je? Mon âme est-elle immortelle ? Ma raison m'en donne des assurances que je saisis avec joie ; cependant, comme je crains que mon intérêt à croire une vérité si consolante ne m'en ait fait trop aisément recevoir les preuves, je veux m'instruire de ce que la raison a dit aux plus fameux philosophes de l'antiquité. Je les vois tous divisés entre eux par des systèmes qui ne m'expliquent rien. Platon me contente plus que les autres ; mais quand je lui demande la cause de mes malheurs, il se tait. Ces philosophes ont connu notre misère, et tous en ont ignoré la cause. Le silence de la raison m'alarme ; mais, lorsque je suis prêt à me désespérer, j'apprends que Dieu a parlé aux hommes. Quel est ce peuple dépositaire de sa parole? La raison, qui m'a fait sentir la nécessité d'une révélation, m'anime à la chercher.

CHANT III.

Cette recherche est la matière du troisième chant. Deux religions partagent presque toute la terre : la chrétienne et la mahométane. Mahomet, en avouant qu'il n'est venu qu'après Jésus-Christ, par cet aveu favorable aux chrétiens me renvoie à eux. Les chrétiens, pour me faire connaître l'antiquité de leur religion, me renvoient aux Juifs, et les Juifs me renvoient à leurs livres sacrés. Le misérable état de ce peuple, et son obstination à attendre un Messie, sont des preuves vivantes du livre qu'il conserve avec tant de soin, puisqu'il contient une claire prédiction de ce double événement. Ce livre m'explique l'énigme que la raison n'avait pu pénétrer. Ce livre m'apprend ensuite l'histoire de la naissance du monde et celle du peuple favorisé de Dieu. Tandis que toutes les autres s'égarent dans l'idolâtrie, l'idée pure d'un seul être infini reste chez ce peuple plus ignorant que les autres : mais une protection visible le sauve du naufrage. Dieu le rappelle sans cesse à lui, ou par des miracles, ou par des prophètes. Je m'arrête à ces prophètes. Surpris de leurs prédictions, ainsi que des figures aussi claires que les prophéties, je reconnais un Dieu toujours occupé de son grand ouvrage, qui tantôt nous le fait annoncer par des hommes qu'il inspire, et tantôt nous le fait envisager de loin dans des images si ressemblantes.

CHANT IV.

La venue d'un libérateur tant de fois prédit et figuré est le sujet du quatrième chant. L'enchaînement des révolutions des empires avec l'établissement de la religion chrétienne en prouve la divinité. Son histoire est celle du monde, parce que Dieu, par l'unité de son dessein, rapporte tous les événements à son grand ouvrage. La réunion de presque tous les empires à l'empire romain, si favorable au progrès de l'Evangile, conduit à la paix générale de la terre sous Auguste. Cette paix prépare les païens au renouvellement des siècles prédits par leurs oracles, et les Juifs à la venue de ce Messie prédit par leurs prophètes. Dans cette attente générale Jésus-Christ paraît, prouve sa mission par ses miracles et par sa doctrine. Le châtiment des Juifs prouve leur crime ; le rapide progrès de la religion, les martyrs et leurs miracles, font tomber le paganisme en ruine, et il est entièrement aboli par les barbares que Dieu appelle du fond du Nord pour détruire Rome enivrée du sang chrétien, et former une Rome nouvelle, dont la grandeur, qu'elle conserve jusques aujourd'hui, sert encore de preuve à une religion déjà prouvée par tant de faits. Mais, quelque admirable qu'elle soit par son histoire, elle semble, par ses mystères et par sa morale, révolter l'esprit et le cœur. Il me reste à parler à l'un et à l'autre.

CHANT V.

Je tâche, dans ce cinquième chant, d'humilier cet esprit si fier. Les mystères, il est vrai, paraissent contredire la raison ; mais la raison ne doit pas être notre seule lumière : par elle seule nous ne sommes qu'ignorance. Comment pourrions-nous lire dans le grand livre les secrets du ciel, puisque nous ne lisons presque rien dans le livre de la nature, qui semble ouvert à nos pieds ? Qu'avons-nous appris depuis que nous l'etudions ? quelques faits, jamais les causes primitives. La nature ne nous laisse jamais entrer dans son sanctuaire. Une histoire abrégée de nos progrès dans la physique en est la preuve. Le hasard, qui nous a procuré quelques découvertes, nous a peu à peu guéris de nos anciennes erreurs. La raison a semblé établir son règne depuis Descartes et Newton, mais tous deux, en nous montrant la grandeur de l'esprit humain, en ont aussi montré la faiblesse, puisqu'ils se sont égarés comme les autres quand ils ont voulu passer les bornes que Dieu a prescrites à notre curiosité. L'homme peut-il seulement savoir la cause de la pesanteur? Sait-il comment se fait la digestion? Connaît-il la cause de la fièvre, et la vertu du quinquina? Tout est voilé pour lui dans la nature ; mais il y met encore un nouveau voile, s'il éteint le flambeau de la religion. Pourra-t-il m'expliquer pourquoi il n'est qu'ignorance ? pourquoi la terre est pleine de désordres et d'imperfections? Ou Dieu n'a pas voulu rendre son ouvrage plus parfait, ou il ne l'a pu. Des deux côtés le déiste trouve un abîme, tandis que moi, pour qui la foi lève un coin du voile, j'en vois assez pour n'être plus dans les ténèbres. La religion, en m'apprenant les causes de tous les désordres et de nos malheurs, m'apprend à mettre ces malheurs à profit, et me montre que notre ignorance, peine du péché, doit nous engager à ne pas perdre un temps si court dans des recherches inutiles. Une religion qui me répond plus clairement que la philosophie, et qui se suit avec tant d'ordre, ne peut être une invention humaine. Je n'ai plus de doute, et ma raison n'en trouve point la lumière contraire à la sienne ; mais ces deux flambeaux se réunissent, et ne font qu'une clarté pour moi.

CHANT VI.

Après avoir combattu les athées dans le premier chant, et les déistes dans les quatre suivants, j'attaque dans le dernier ceux qui ne sont incrédules que par lâcheté. Leur opposition à croire ne vient que de leur opposition à pratiquer; ils feraient à la religion le sacrifice de leurs lumières, si elle n'exigeait pas encore le sacrifice des passions. Quand le cœur n'est point touché, l'esprit, qui en est toujours la dupe, cherche des prétextes pour excuser sa révolte. C'est aussi le cœur que j'attaque, en montrant la conformité de la morale de la raison avec celle de la religion. La première a été connue des poètes, même les plus voluptueux; mais elle n'a point été pratiquée par les philosophes, même les plus sévères : au lieu que la morale de la religion a changé l'univers, parce qu'elle est fondée sur l'amour, qui rend tous les préceptes faciles. Cet amour, qui a allumé la ferveur des premiers siècles, va toujours en s'affaiblissant, ainsi qu'il a été prédit : quand il sera prêt à s'éteindre, Dieu viendra juger les hommes, et au dernier jour du monde sera consommé le grand ouvrage de la religion, qui commença le premier jour du monde.

Un sujet si vaste, si intéressant et si riche, n'a pas besoin, pour se soutenir, d'autres ornements que de ceux qu'il fournit de son propre fonds. Je perdrais le respect que je dois à mon sujet, si je m'égarais en quelques fictions. Dans tout autre poëme didactique, elles pourraient trouver place de temps en temps pour délasser de la froideur des préceptes et des raisonnements; mais elles n'en peuvent trouver dans celui-ci. La religion est si grave, que la fiction la plus sage prend auprès d'elle un air de fable, qui ne peut s'allier avec la vérité.

C'est ce mélange monstrueux qu'on condamne avec raison dans le poëme de Sannazar : on se rebute d'entendre les merveilles saintes dans la bouche de Protée, le catalogue des Néréides qui environnent Jésus-Christ lorsqu'il marche sur les eaux, et l'on méprise les hommages que lui rend Neptune, lorsqu'à son aspect il baisse son trident. Cependant ce poëme, qui coûta vingt ans de travail à l'auteur, lui attira des brefs honorables de deux souverains pontifes, dans l'un desquels Léon X remercie la Providence, qui a permis que l'église trouvât un si grand défenseur que Sannazar, dans un temps où elle était attaquée par tant d'ennemis. *Divinâ factum providentiâ ut divina sponsa, tot impiis oppugnatoribus laceratoribusque lacessita, talem tantumque nacta sit propugnatorem.* Non qu'un pape si éclairé pût approuver l'abus que le poète avait fait des ornements de la fable, ni penser que le Jourdain parlant de Jésus-Christ à ses nymphes pût convertir les hérétiques et les incrédules ; mais parce qu'on a toujours senti combien il était louable à un poète de consacrer son travail à des sujets utiles, et surtout à la gloire de la religion.

J'avoue qu'en renonçant aux beautés brillantes de la fiction il faut peut-être renoncer aussi au titre de poète, et se contenter du rang de versificateur ; mais comme l'utilité des hommes doit être le principal objet d'un écrivain sage, je serais assez récompensé de mon travail, si ma versification contribuait à imprimer plus facilement dans la mémoire des vérités qui intéressent tous les hommes. Quelquefois même la versification est gênée par la matière, qui ne permet pas qu'on se livre à toute son imagination, et dans laquelle on doit sacrifier, quand il le faut, les ornements à la justesse du raisonnement.

Ce fut le seul amour de l'utilité publique, et non l'ambition de passer pour poète, qui engagea le célèbre Grotius à mettre d'abord en vers hollandais, quoique dans un style simple et à la portée du vulgaire, son excellent Traité de la vérité de la religion chrétienne, qu'il donna depuis en prose latine, et qui a été traduit en tant de langues. Il voulut fournir à ses compatriotes, que le commerce conduit parmi tant de nations, et par conséquent parmi tant d'opinions, un ouvrage dont la lecture servit à les affermir dans la foi, en même temps qu'elle les délasserait pendant ces moments d'oisiveté que laisse une longue navigation. Et lorsqu'il osa mettre en vers un sujet pareil, il s'attendit à cette indulgence qu'on doit avoir pour les auteurs qui, suivant les paroles d'un ancien, dans une entreprise dont la difficulté ne les a point rebutés, ont préféré le désir d'être utiles à l'ambition de plaire (Plin. Nat.) *Qui, difficultatibus victis, utilitatem juvandi prætulerunt gratiæ placendi.*

LA RELIGION,

POËME.

CHANT PREMIER.

La raison dans mes vers conduit l'homme à la foi.
C'est elle qui, portant son flambeau devant moi,
M'encourage à chercher mon appui véritable,
M'apprend à le connaître, et me le rend aimable.
　Faux sages, faux savants, indociles esprits,
Un moment, fiers mortels, suspendez vos mépris.
La raison, dites-vous, doit être notre guide :
A tous mes pas aussi cette raison préside.
Sous la divine loi que vous osez braver,
C'est elle-même ici qui va me captiver,

Et parle à tous les cœurs qu'elle invite à s'y rendre :
Vous donc qui la vantez, daignez du moins l'entendre.
　Et vous qui du saint joug connaissez tout le prix,
C'est encore pour vous que ces vers sont écrits.
Celui que la grandeur remplit de son ivresse
Relit avec plaisir ses titres de noblesse :
Ainsi le vrai chrétien recueille avec ardeur
Les preuves de sa foi, titres de sa grandeur :
Doux trésor qui d'une âme à ses biens attentive
Rend l'amour plus ardent, l'espérance plus vive.
Et qui de nous, hélas ! n'a jamais chancelé ?
Le prophète lui-même est souvent ébranlé.
　Il n'est point ici-bas de lumières sans ombres.
Dieu ne s'y montre à nous que sous des voiles sombres :
La colonne qui luit dans ce désert affreux
Tourne aussi quelquefois son côté ténébreux.
Puissent mes heureux chants consoler le fidèle !
Et puissent-ils aussi confondre le rebelle !
　L'hommage t'en est dû, je te l'offre, ô grand roi !
L'objet de mes travaux les rend dignes de toi.
Quand, de l'impiété poursuivant l'insolence,
De la religion j'embrasse la défense,
Oserais-je tenter ces chemins non frayés,
Si tu n'étais l'appui de mes pas effrayés ?
Ton nom, roi très-chrétien, fils aîné d'une mère
Qui t'inspire un respect si tendre et si sincère ;
Ton nom seul me rassure et, mieux que tous mes vers,
Confond les ennemis du maître que tu sers.
Et toi, de tous les cœurs la certaine espérance,
Et du bonheur public la seconde assurance,
Cher prince, en qui le ciel fait croître chaque jour

Les grâces et l'esprit, autant que notre amour,
Dans le hardi projet de mon pénible ouvrage,
Daigne au moins d'un regard animer mon courage.
C'est la foi que je chante, et ceux dont tu la tiens
En furent de tous temps les augustes soutiens.

   Oui, c'est un Dieu caché que le Dieu qu'il faut croire.
Mais, tout caché qu'il est, pour révéler sa gloire,
Quels témoins éclatants devant moi rassemblés !
Répondez, cieux et mers; et vous, terre, parlez.
Quel bras peut vous suspendre, innombrables étoiles?
Nuit brillante, dis-nous qui t'a donné tes voiles !
O cieux, que de grandeur, et quelle majesté !
J'y reconnais un maître à qui rien n'a coûté,
Et qui dans nos déserts a semé la lumière,
Ainsi que dans nos champs il sème la poussière.
Toi qu'annonce l'aurore, admirable flambeau,
Astre toujours le même, astre toujours nouveau,
Par quel ordre, ô soleil ! viens-tu du sein de l'onde
Nous rendre les rayons de ta clarté féconde ?
Tous les jours je t'attends ; tu reviens tous les jours :
Est-ce moi qui t'appelle et qui règle ton cours ?

   Et toi, dont le courroux veut engloutir la terre,
Mer terrible, en ton lit quelle main te resserre ?
Pour forcer ta prison tu fais de vains efforts,
La rage de tes flots expire sur tes bords.
Fais sentir ta vengeance à ceux dont l'avarice
Sur ton perfide sein va chercher son supplice.
Hélas ! prêts à périr, t'adressent-ils leurs vœux ?
Ils regardent le ciel, secours des malheureux ;
La nature, qui parle en ce péril extrême,
Leur fait lever les mains vers l'asile suprême :

Hommage que toujours rend un cœur effrayé
Au Dieu que jusqu'alors il avait oublié.
  La voix de l'univers à ce Dieu me rappelle.
La terre le publie. Est-ce moi, me dit-elle,
Est-ce moi qui produis mes riches ornements ?
C'est celui dont la main posa mes fondements.
Si je sers tes besoins, c'est lui qui me l'ordonne ;
Les présents qu'il me fait, c'est à toi qu'il les donne :
Je me pare des fleurs qui tombent de sa main :
Il ne fait que l'ouvrir, et m'en remplit le sein.
Pour consoler l'espoir du laboureur avide,
C'est lui qui dans l'Égypte, où je suis trop aride,
Veut qu'au moment prescrit le Nil, loin de ses bords
Répandu sur ma plaine, y porte mes trésors.
A de moindres objets tu peux le reconnaître :
Contemple seulement l'arbre que je fais croître.
Mon suc, dans la racine à peine répandu,
Du tronc qui le reçoit à la branche est rendu,
La feuille me demande, et la branche fidèle,
Prodigue de son bien, le partage avec elle.
De l'éclat de ses fruits justement enchanté,
Ne méprise jamais ces plantes sans beauté,
Troupe obscure et timide, humble et faible vulgaire :
Si tu sais découvrir leur vertu salutaire,
Elles pourront servir à prolonger tes jours.
Et ne t'afflige pas si les leurs sont si courts :
Toute plante en naissant déjà renferme en elle
D'enfants qui la suivront une race immortelle :
Chacun de ses enfants, dans ma fécondité,
Trouve un gage nouveau de sa postérité.
  Ainsi parle la terre ; et, charmé de l'entendre

Quand je vois par ces nœuds que je ne puis comprendre
Tant d'êtres différents l'un à l'autre enchaînés,
Vers une même fin constamment entraînés,
A l'ordre général conspirer tous ensemble,
Je reconnais partout la main qui les rassemble;
Et d'un dessein si grand j'admire l'équité,
Non moins que la sagesse et la simplicité.
Mais pour toi, que jamais ces miracles n'étonnent,
Stupide spectateur des biens qui t'environnent;
O toi qui follement fais ton dieu du hasard,
Viens me développer ce nid qu'avec tant d'art,
Au même ordre toujours architecte fidèle,
A l'aide de son bec maçonna l'hirondelle;
Comment, pour élever ce hardi bâtiment,
A-t-elle en le broyant arrondi son ciment?
Et pourquoi ces oiseaux, si remplis de prudence,
Ont-ils de leurs enfants su prévoir la naissance?
Que de berceaux pour eux aux arbres suspendus!
Sur le plus doux coton que de lits étendus!
Le père vole au loin, cherchant dans la campagne
Des vivres qu'il rapporte à sa tendre compagne;
Et la tranquille mère, attendant son secours,
Echauffe dans son sein le fruit de leurs amours.
Des ennemis souvent ils repoussent la rage,
Et dans de faibles corps s'allume un grand courage;
Si chèrement aimés, leurs nourrissons, un jour,
Aux fils qui naîtront d'eux rendront le même amour.
Quand des nouveaux zéphyrs l'haleine parfumée
Allumera pour eux le flambeau d'hyménée,
Fidèlement unis par leurs tendres liens,
Ils rempliront les airs de nouveaux citoyens;

Innombrable famille, où bientôt tant de frères
Ne reconnaîtront plus leurs aïeux ni leurs pères.
Ceux qui, de nos hivers redoutant le courroux,
Vont se réfugier dans des climats plus doux,
Ne laisseront jamais la saison rigoureuse
Surprendre parmi nous leur troupe paresseuse.
Dans un sage conseil par les chefs assemblé,
Du départ général le grand jour est réglé ;
Il arrive, tout part : le plus jeune peut-être
Demande, en regardant les lieux qui l'ont vu naître,
Quand viendra ce printemps par qui tant d'exilés
Dans les champs paternels se verront rappelés.
A nos yeux attentifs que le spectacle change !
Retournons sur la terre, où jusque dans la fange
L'insecte nous appelle, et, certain de son prix,
Ose nous demander raison de nos mépris.
De secrètes beautés quel amas innombrable !
Plus l'auteur s'est caché, plus il est admirable.
Quoiqu'un fier éléphant, malgré l'énorme tour
Qui de son vaste dos me cache le contour,
S'avance sans ployer sous ce poids qu'il méprise,
Je ne t'admire pas avec moins de surprise,
Toi qui vis dans la boue, et traines ta prison ;
Toi que souvent ma haine écrase avec raison ;
Toi-même, insecte impur, quand tu me développes
Les étonnants ressorts de tes longs télescopes ;
Oui, toi, lorsqu'à mes yeux tu présentes les tiens,
Qu'élèvent par degrés leurs mobiles soutiens ;
C'est dans un faible objet, imperceptible ouvrage,
Que l'art de l'ouvrier me frappe davantage.
Dans un champ de blés mûrs, tout un peuple prudent

Rassemble pour l'Etat un trésor abondant.
Fatigués du butin qu'ils traînent avec peine,
De faibles voyageurs arrivent sans haleine
A leurs greniers publics, immenses souterrains,
Où par eux en monceaux sont élevés ces grains,
Dont le père commun de tous tant que nous sommes
Nourrit également les fourmis et les hommes.
Et tous nourris par lui, nous passons sans retour,
Tandis qu'une chenille est rappelée au jour.
De l'empire de l'air cet habitant volage,
Qui porte à tant de fleurs son inconstant hommage,
Et leur ravit un suc qui n'était pas pour lui,
Chez ses frères rampants qu'il meprise aujourd'hui,
Sur la terre autrefois trainant sa vie obscure,
Semblait vouloir cacher sa honteuse figure.
Mais les temps sont changés, sa mort fut un sommeil.
On le vit plein de gloire à son brillant réveil,
Laissant dans le tombeau sa dépouille grossière,
Par un sublime essor voler vers la lumière.
O ver à qui je dois mes plus beaux vêtements,
De tes travaux si courts que les fruits sont charmants!
N'est-ce donc que pour moi que tu reçois la vie?
Ton ouvrage achevé, ta carrière est finie :
Tu laisses de ton art des héritiers nombreux,
Qui ne verront jamais leur père malheureux.
Je te plains, et j'ai dû parler de tes merveilles ;
Mais ce n'est qu'à Virgile à chanter les abeilles.
Le roi pour qui sont faits tant de biens précieux,
L'homme, élève un front noble, et regarde les cieux.
Ce front, vaste théâtre où l'âme se déploie,
Est tantôt éclairé des rayons de la joie,

Tantôt enveloppé du chagrin ténébreux.
L'amitié tendre et vive y fait briller ses feux
Qu'en vain veut imiter, dans son zèle perfide,
La trahison, que suit l'envie au teint livide.
Un mot y fait rougir la timide pudeur.
Le mépris y réside, ainsi que la candeur,
Le modeste respect, l'imprudente colère,
La crainte et la pâleur, sa compagne ordinaire,
Qui dans tous les périls funestes à mes jours,
Plus prompte que ma voix, appelle du secours.
A me servir aussi cette voix empressée,
Loin de moi, quand je veux, va porter ma pensée ;
Messagère de l'âme, interprète du cœur,
De la société je lui dois la douceur.
Quelle foule d'objets l'œil réunit ensemble !
Que de rayons épars ce cercle étroit rassemble !
Tout s'y peint tour à tour. Le mobile tableau
Frappe un nerf qui l'élève et le porte au cerveau.
D'innombrables filets, ciel ! quel tissu fragile !
Cependant ma mémoire en a fait son asile,
Et tient dans un dépôt fidèle et précieux
Tout ce que m'ont appris mes oreilles, mes yeux ;
Elle y peut à toute heure et remettre et reprendre,
M'y garder mes trésors, exacte à me les rendre.
Là ces esprits subtils, toujours prêts à partir,
Attendent le signal qui les doit avertir.
Mon âme les envoie, et, ministres dociles,
Je les sens répandus dans mes membres agiles ;
A peine ai-je parlé, qu'ils sont accourus tous.
Invisibles sujets, quel chemin prenez-vous ?
Mais qui donne à mon sang cette ardeur salutaire ?

Sans mon ordre il nourrit ma chaleur nécessaire.
D'un mouvement égal il agite mon cœur;
Dans ce centre fécond il forme sa liqueur;
Il vient me réchauffer par sa rapide course;
Plus tranquille et plus froid il remonte à sa source,
Et toujours s'épuisant se ranime toujours.
Les portes des canaux destinés à son cours
Ouvrent à son entrée une libre carrière,
Prêtes, s'il reculait, d'opposer leur barrière.
Ce sang pur s'est formé d'un grossier aliment,
Changement que doit suivre un nouveau changement:
Il s'épaissit en chair dans mes chairs qu'il arrose;
En ma propre substance il se métamorphose.
Est-ce moi qui préside au maintien de ces lois,
Et pour les établir ai-je donné ma voix?
Je les connais à peine. Une attentive adresse
Tous les jours m'en découvre et l'ordre et la sagesse.
De cet ordre secret reconnaissons l'auteur.
Fut-il jamais des lois sans un législateur?
Stupide impiété, quand pourras-tu comprendre
Que l'œil est fait pour voir, l'oreille pour entendre?
Ces oreilles, ces yeux, celui qui les a faits,
Est-il aveugle et sourd? Que d'ouvrages parfaits,
Que de riches présents t'annoncent sa puissance!
Où sont-ils ces objets de ma reconnaissance?
Est-ce un coteau riant? Est-ce un riche vallon?
Hâtons-nous d'admirer; le cruel aquilon
Va rassembler sur nous son terrible cortége,
Et la foudre et la pluie, et la grêle et la neige;
L'homme a perdu ses biens, la terre ses beautés;
Et plus loin qu'offre-t-elle à nos yeux attristés?

Des antres, des volcans et des mers inutiles,
Des abimes sans fins, des montagnes stériles,
Des ronces, des rochers, des sables, des déserts.
Ici de ses poisons elle infecte les airs ;
Là rugit le lion, ou rampe la couleuvre.
De ce Dieu si puissant voilà donc le chef-d'œuvre !
  Et tu crois, ô mortel, qu'à ton moindre soupçon,
Aux pieds du tribunal qu'érige la raison
Ton maître obéissant doit venir te répondre ?
Accusateur aveugle, un mot va te confondre.
Tu n'aperçois encor que le coin du tableau,
Le reste t'est caché sous un épais rideau ;
Et tu prétends déjà juger de tout l'ouvrage !
A ton profit, ingrat, je vois une main sage
Qui ramène ces maux dont tu te plains toujours.
Notre art des poisons même emprunte du secours.
Mais pourquoi ces rochers, ces vents et ces orages ?
Daigne apprendre de moi leurs secrets avantages,
Et ne consulte plus tes yeux souvent trompeurs.
  La mer, dont le soleil attire les vapeurs,
Par ces eaux qu'elle perd voit une mer nouvelle
Se former, s'élever et s'étendre sur elle.
De nuages légers cet amas précieux,
Que dispersent au loin les vents officieux,
Tantôt féconde pluie arrose nos campagnes,
Tantôt retombe en neige et blanchit nos montagnes.
Sur ces rocs sourcilleux, de frimas couronnés,
Réservoirs des trésors qui nous sont destinés,
Les flots de l'Océan, apportés goutte à goutte,
Réunissent leur force et s'ouvrent une voûte.
Jusqu'au fond de leur sein lentement répandus,

Dans leurs veines errants, à leurs pieds descendus,
Nous les voyons enfin sortir à pas timides,
D'abord faibles ruisseaux, bientôt fleuves rapides.
Des racines des monts qu'Annibal sut franchir,
Indolent Ferrarais, le Pô va t'enrichir.
Impétueux enfant de cette longue chaîne,
Le Rhône suit vers nous le penchant qui l'entraîne ;
Et son frère, emporté par un contraire choix,
Sorti du même sein va chercher d'autres lois.
Mais enfin, terminant leurs courses vagabondes,
Leur antique séjour redemande leurs ondes ;
Ils les rendent aux mers ; le soleil les reprend,
Sur les monts, dans les champs l'aquilon nous les rend.
Telle est de l'univers la constante harmonie.
De son empire heureux la discorde est bannie ;
Tout conspire pour nous, les montagnes, les mers,
L'astre brillant du jour, les fiers tyrans des airs.
Puisse le même accord régner parmi les hommes !
Reconnaissons du moins celui par qui nous sommes,
Celui qui fait tout vivre, et qui fait tout mouvoir.
S'il donne l'être à tout, l'a-t-il pu recevoir ?
Il précède les temps ; qui dira sa naissance ?
Par lui l'homme, le ciel, la terre, tout commence,
Et lui seul infini n'a jamais commencé.

    Quelle main, quel pinceau dans mon âme a tracé
D'un objet infini l'image incomparable ?
Ce n'est point à mes sens que j'en suis redevable.
Mes yeux n'ont jamais vu que des objets bornés,
Impuissants, malheureux, à la mort destinés.
Moi-même je me place en ce rang déplorable,
Et ne puis me cacher mon malheur véritable ;

Mais d'un Être éternel je me suis souvenu
Dès le premier instant que je me suis connu.
D'un maître souverain redoutant la puissance,
J'ai, malgré ma fierté, senti ma dépendance.
Qu'il est dur d'obéir et de s'humilier !
Notre orgueil cependant est contraint de plier ;
Devant l'Être éternel tous les peuples s'abaissent ;
Toutes les nations en tremblant le confessent.
Quelle force invisible a soumis l'univers?
L'homme a-t-il mis sa gloire à se forger des fers ?

 Oui, je trouve partout des respects unanimes,
Des temples, des autels, des prêtres, des victimes ;
Le ciel reçut toujours nos vœux et notre encens.
Nous pouvons, je l'avoue, esclaves de nos sens,
De la Divinité défigurer l'image ;
A des dieux mugissants l'Egypte rend hommage ;
Mais dans ce bœuf impur qu'elle daigne honorer,
C'est un Dieu cependant qu'elle croit adorer.
L'esprit humain s'égare, et follement crédules,
Les peuples se sont fait des maîtres ridicules.
Ces maîtres toutefois, par l'erreur encensés,
Jamais impunément ne furent offensés :
On détesta Mézence ainsi que Salmonée,
Et l'horreur suit encore le nom de Capanée.
Un impie en tout temps fut un monstre odieux ;
Et quand, pour me guérir de la crainte des dieux,
Épicure en secret médite son système,
Aux pieds de Jupiter je l'aperçois lui-même.

 Surpris de son aveu, je l'entends en effet
Reconnaître un pouvoir dont l'homme est le jouet,
Un ennemi caché qui réduit en poussière

De toutes nos grandeurs la pompe la plus fière.
Peuples, rois, vous mourrez, et vous villes aussi :
Là git Lacédémone, Athènes fut ici.
Quels cadavres épars dans la Grèce déserte !
Eh ! que vois-je partout ? la terre n'est couverte
Que de palais détruits, de trônes renversés,
Que de lauriers flétris, que de sceptres brisés.
Où sont, fière Memphis, tes merveilles divines ?
Le temps a dévoré jusqu'à tes propres ruines.
Que de riches tombeaux élevés en tous lieux,
Superbes monuments qui portent jusqu'aux cieux
Du néant des humains l'orgueilleux témoignage !
A ce pouvoir si saint tout mortel rend hommage.
Aux pieds de son idole un barbare à genoux
D'un être destructeur vient fléchir le courroux.
Être altéré de sang, je te vais satisfaire,
Que cette autre victime apaise ta colère ;
J'arrose ton autel du sang de cet agneau.
N'en es-tu pas content ? Te faut-il un taureau ?
Faut-il une hécatombe à ta haine implacable ?
Pour mieux me remplacer, te faut-il mon semblable ?
Faut-il mon fils ? Je viens l'égorger devant toi.
De ce sang enivré, cruel, épargne-moi.

 Ces épaisses forêts qui couvrent les contrées
Par un vaste océan des nôtres séparées
Renferment, dira-t-on, de tranquilles mortels,
Qui jamais à des dieux n'ont élevé d'autels.
 Quand d'obscurs voyageurs racontent ces nouvelles,
Croirai-je des témoins si souvent infidèles ?
Supposons cependant tous leurs rapports certains ;
Comment opposerais-je au reste des humains

Un stupide sauvage errant à l'aventure,
A peine de nos traits conservant la figure ;
Un méprisable peuple égaré dans les bois,
Sans maîtres, sans états, sans villes et sans lois ?
Qu'à bon droit, libertins, vous êtes méprisables,
Lorsque dans ces forêts vous cherchez vos semblables !

 Ces hommes toutefois à ce point abrutis,
Dans la nuit de leurs sens tristement engloutis,
Montrent quelques rayons d'une image divine,
Restes défigurés d'une illustre origine.
Il est une justice et des devoirs pour eux ;
Du sang qui les unit ils connaissent les nœuds.
Au plus barbare époux la tendre épouse est chère ;
Il chérit son enfant, il respecte son père.
La nature sur nous ne perd point tous ses droits.

 Mais ces droits que sont-ils ? D'imaginaires lois,
Quand d'un être vengeur j'ai secoué la crainte,
Ne peuvent sur mon âme établir leur contrainte.
C'est pour moi que je vis, je ne dois rien qu'à moi.
La vertu n'est qu'un nom, mon plaisir est ma loi.

 Ainsi parle l'impie, et lui-même est l'esclave
De la foi, de l'honneur, de la vertu qu'il brave ;
Dans ses honteux plaisirs, s'il cherche à se cacher,
Un éternel témoin les lui vient reprocher ;
Son juge est dans son cœur, tribunal où réside
Le censeur de l'ingrat, du traître, du perfide.
Par ses affreux complots nous a-t-il outragés ?
La peine suit de près, et nous sommes vengés.
De ses remords secrets triste et lente victime,
Jamais un criminel ne s'absout de son crime.
Sous des lambris dorés ce triste ambitieux

Vers le ciel, sans pâlir, n'ose lever les yeux.
Suspendu sur sa tête, un glaive redoutable
Rend fades tous les mets dont on couvre sa table.
Le cruel repentir est le premier bourreau
Qui dans un sein coupable enfonce le couteau.
Des chagrins dévorants attachés sur Tibère,
La cour de ses flatteurs veut enfin le distraire.
Maître du monde entier, qui peut l'inquiéter ?
Quel juge sur la terre a-t-il à redouter ?
Cependant il se plaint, il gémit, et ses vices
Sont ses accusateurs, ses juges, ses supplices.
Toujours ivre de sang, et toujours altéré,
Enfin par ses forfaits au désespoir livré,
Lui-même étale aux yeux du sénat qu'il outrage
De son cœur déchiré la déplorable image.
Il périt chaque jour consumé de regrets,
Tyran plus malheureux que ses tristes sujets.
Ainsi de la vertu les lois sont éternelles.
Les peuples ni les rois ne peuvent rien contre elles ;
Les dieux que révéra notre stupidité
N'obscurcirent jamais sa constante beauté ;
Et les Romains, enfants d'une impure déesse,
En dépit de Vénus admirèrent Lucrèce.

 Je l'apporte en naissant, elle est écrite en moi,
Cette loi qui m'instruit de tout ce que je dois.
A mon père, à mon fils, à ma femme, à moi-même,
A toute heure je lis dans ce code suprême
La loi qui me défend le vol, la trahison,
Cette loi qui précède et Lycurgue et Solon.
 Avant même que Rome eût gravé douze tables,
Métius et Tarquin n'étaient pas moins coupables.

Je veux perdre un rival. Qui me retient le bras?
Je le veux, je le puis, et je n'achève pas.
Je crains plus de mon cœur le sanglant témoignage
Que la sévérité de tout l'aréopage.
La vertu, qui n'admet que de sages plaisirs,
Semble d'un ton trop dur gourmander nos désirs.
Mais quoique pour la suivre il coûte quelques larmes,
Tout austère qu'elle est, nous admirons ses charmes.
Jaloux de ses appas, dont il est le témoin,
Le vice, son rival, la respecte de loin.
Sous ses nobles couleurs souvent il se déguise,
Pour consoler du moins l'âme qu'il a surprise.

Adorable vertu, que tes divins attraits
Dans un cœur qui te perd laissent de longs regrets!
De celui qui te hait ta vue est le supplice.
Parais : que le méchant te regarde et frémisse.
La richesse, il est vrai, la fortune te fuit ;
Mais la paix t'accompagne, et la gloire te suit.
Et perdant tout pour toi, l'heureux mortel qui t'aime,
Sans biens, sans dignités, se suffit à lui-même.
Mais lorsque nous voulons sans toi nous contenter,
Importune vertu, pourquoi nous tourmenter?
Pourquoi par des remords nous rendre misérables?
Qui t'a donné ce droit de punir les coupables?
Laisse-nous en repos, cesse de nous charmer,
Et qu'il nous soit permis de ne te point aimer.
Non, tu seras toujours, par ta seule présence,
Ou notre désespoir ou notre récompense.
Qui te pourra, grand Dieu, méconnaître à ces traits?
Tu nous parles sans cesse, et les hommes distraits
N'écoutent point la voix qui frappe leurs oreilles.

Tu fais briller partout tes dons et tes merveilles;
Mais sur la terre, hélas! admirant tes bienfaits,
Nos regards jusqu'à toi ne remontent jamais;
Quelque maître nouveau sans cesse nous entraîne,
Et d'objets en objets notre âme se promène,
Tandis que de toi seul nous restons séparés.
Quel crime, quelle erreur nous a donc égarés?
Nos malheurs, ô mon Dieu! seraient-ils sans ressource?
Sondons leur profondeur, remontons à leur source.
Que l'homme maintenant se présente à mes yeux;
Quand je l'aurai connu, je te connaîtrai mieux.

CHANT SECOND.

De tes lois dès l'enfance heureusement instruit,
Et par la foi, Seigneur, à la raison conduit,
Permets que dans mes vers, sous une feinte image,
J'ose pour un moment imiter le langage
D'un mortel qui vers toi, d'un saint trouble agité,
S'avance, et pas à pas cherche la vérité.
Quand je reçus la vie au milieu des alarmes,
Et qu'aux cris maternels répondant par mes larmes,
J'entrai dans l'univers escorté des douleurs,
J'y vins pour y marcher de malheurs en malheurs.
Je dois mes premiers jours à la femme étrangère
Qui me vendit son lait et son cœur mercenaire.
Réchauffé dans son sein, dans ses bras caressé,

Et long-temps insensible à son zèle empressé,
De mon retour enfin un souris fut le gage.
De ma faible raison je fis l'apprentissage.
Frappé du son des mots, attentif aux objets,
Je répétai les noms, je distinguai les traits.
Je connus, je nommai, je caressai mon père ;
J'écoutai tristement les avis de ma mère.
Un châtiment soudain réveilla ma langueur.
Des maîtres ennuyeux je craignis la rigueur ;
Des siècles reculés l'un me contait l'histoire,
L'autre plus importun gravait dans ma mémoire
D'un langage nouveau tous les barbares noms.
Le temps forma mon goût : pour fruit de ces leçons
D'Eschine j'admirai l'éloquente colère ;
Je sentis la douceur des mensonges d'Homère ;
De la triste Didon partageant les malheurs,
Son bûcher fut souvent arrosé de mes pleurs.
Je méprisai l'enfance et ses jeux insipides.
Mais ces amusements étaient-ils plus solides ?
D'arides vérités quelquefois trop épris,
J'espérais de Newton pénétrer les écrits.
Tantôt je poursuivais un stérile problème ;
De Descartes tantôt renversant le système,
D'autres mondes en l'air s'élevaient à mes frais.
Armide était moins prompte à bâtir un palais ;
Et d'un souffle détruits, malgré leur renommée,
Tous les vieux tourbillons s'exhalaient en fumée.
Par mon anatomie un rayon divisé
En sept rayons égaux était subtilisé ;
En voulant remonter à la couleur première,
J'osais à mon calcul soumettre la lumière.

Dans ces rêves flatteurs que j'ai perdu de jours !
Cherchant à tout savoir, et m'ignorant toujours,
Je n'avais point encore réfléchi sur moi-même.
Me reprochant enfin ma négligence extrême,
Je voulus me connaître : un espoir orgueilleux
Inspirait à mon cœur ce projet périlleux.
Que de fois, ô fatale et triste connaissance,
Tu m'as fait regretter ma première ignorance !
Je me figure, hélas ! le terrible réveil
D'un homme qui, sortant des bras d'un long sommeil,
Se trouve transporté dans une île inconnue,
Qui n'offre que déserts et rochers à sa vue ;
Tremblant, il se soulève, et d'un œil égaré
Parcourt tous les objets dont il est entouré.
Il retombe aussitôt : il se relève encore,
Mais il n'ose avancer dans ces lieux qu'il ignore.
Telle fut ma terreur, sitôt qu'ouvrant les yeux,
Et rompant un sommeil peut-être officieux,
Je me regardai seul, sans appui, sans défense,
Égaré dans un coin de cet espace immense ;
Ver impur de la terre, et roi de l'univers ;
Riche, et vide de biens : libre, et chargé de fers.
Je ne suis que mensonge, erreur, incertitude :
Et de la vérité je fais ma seule étude.
Tantôt le monde entier m'annonce à haute voix
Le maître que je cherche, et déjà je le vois ;
Tantôt le monde entier, dans un profond silence,
A mes regards errants n'est plus qu'un vide immense.
O nature ! pourquoi viens-tu troubler ma paix ?
Ou parle clairement, ou ne parle jamais.
Cessons d'interroger qui ne veut point répondre.

Si notre ambition ne sert qu'à nous confondre,
Bornons-nous à la terre, elle est faite pour nous.

Mais non, tous ses plaisirs n'entraînent que dégoûts;
Aucun d'eux n'assouvit la soif qui me dévore :
Je désire, j'obtiens, et je désire encore.
Grand Dieu ! donne-moi donc des biens dignes de toi,
Ou donne-m'en du moins qui soient dignes de moi.
Que d'orgueil ! C'est ainsi qu'à moi-même contraire,
Monstre de vanité, prodige de misère,
Je ne suis à la fois que néant et grandeur.
Mécontent des objets que poursuit mon ardeur,
Je n'estime que moi : tout autre que moi-même,
Si je semble l'aimer, c'est pour moi que je l'aime.
Je me hais cependant sitôt que je me vois,
Je ne puis vivre seul : occupé loin de moi,
Je n'aspire qu'à plaire à ceux que je méprise.

Sans doute qu'à ces mots, des bords de la Tamise
Quelque abstrait raisonneur, qui ne se plaint de rien,
Dans son flegme anglican répondra : *Tout est bien.*
« Le grand ordonnateur dont le dessein si sage
» De tant d'êtres divers ne forme qu'un ouvrage,
» Nous place à notre rang pour orner son tableau. »
Eh ! quel triste ornement d'un spectacle si beau !
En me parlant ainsi, tu prouves bien toi-même
La grandeur du désordre et ta misère extrême.
Quand tu soutiens que l'homme est si bien partagé,
Dans tes raisonnements que tout est dérangé !
Quoi ! mes pleurs, n'est-ce pas un crime de le croire,
D'un maître bienfaisant relèveraient la gloire ?
Pour d'autres biens sans doute il nous a réservés,
Et tous ces grands desseins ne sont point achevés.

Oui, je l'ose espérer, juste arbitre du monde,
De la solide paix source pure et féconde,
Être partout présent, quoique toujours caché,
Des maux de tes sujets quand seras-tu touché?
Tendre père, témoin de nos longues alarmes,
Pourras-tu toujours voir tes enfants dans les larmes?
Non, non. Voilà de toi ce que j'ose penser.
Ta bonté quelque jour saura mieux nous placer.

Mais comment retrouver la gloire qui m'est due?
Qui peut te rendre à moi, félicité perdue?
Est-ce dans mes pareils que je dois te chercher?
Ils m'échappent, la mort me les vient arracher;
Et, frappés avant moi, le tombeau les dévore;
J'irai bientôt les joindre; où vont-ils? je l'ignore.

Est-il vrai? n,est-ce point une agréable erreur
Qui de la mort en moi vient adoucir l'horreur?
O mort, est-il donc vrai que nos âmes heureuses
N'ont rien à redouter de tes fureurs affreuses,
Et qu'au moment cruel qui nous ravit le jour,
Tes victimes ne font que changer de séjour!
Quoi! même après l'instant où tes ailes funèbres
M'auront enseveli dans tes noires ténèbres,
Je vivrais! Doux espoir! que j'aime à m'y livrer!
De quelle ambition tu te vas enivrer,
Dit l'impie! Est-ce à toi, vaine et faible étincelle,
Vapeur vile, d'attendre une gloire immortelle!
Le hasard nous forma, le hasard nous détruit;
Et nous disparaissons comme l'ombre qui fuit.
Malheureux, attendez la fin de vos souffrances;
Et vous, ambitieux, bornez vos espérances :
La mort vient tout finir, et tout meurt avec nous.

Pourquoi, lâches humains, pourquoi la craignez-vous?
Qu'est-ce donc qu'un cercueil offre de si terrible?
Une froide poussière, une cendre insensible.
Là, nous ne trouverons plus ni plaisir, ni douleur.
Un repos éternel est-il donc un malheur?
Plongeons-nous sans effroi dans ce muet abîme,
Où la vertu périt aussi bien que le crime :
Et suivant du plaisir l'aimable mouvement,
Laissons-nous au tombeau conduire mollement.

  A ces mots insensés, le maître de Lucrèce,
Usurpant le grand nom d'ami de la sagesse,
Joint la subtilité de ses faux arguments :
Lucrèce de ses vers prête les ornements.
De la noble harmonie indigne et triste usage!
Epicure avec lui m'adresse ce langage.

  Cet esprit, ô mortels! qui vous rend si jaloux,
N'est qu'un feu qui s'allume et s'éteint avec nous.
Quand par d'affreux sillons l'implacable vieillesse
A sur un front hideux imprimé la tristesse;
Que dans un corps courbé sous un amas de jours,
Le sang comme à regret semble achever son cours,
Lorsqu'en des yeux couverts d'un lugubre nuage,
Il n'entre des objets qu'une infidèle image,
Qu'en débris chaque jour le corps tombe et périt,
En ruines aussi je vois tomber l'esprit.
L'âme mourante alors, flambeau sans nourriture,
Jette par intervalle une lueur obscure.
Triste destin de l'homme! il arrive au tombeau
Plus faible, plus enfant qu'il ne l'est au berceau.
La mort d'un coup fatal sappe enfin l'édifice :
Dans un dernier soupir achevant son supplice,

Lorsque vide de sang le cœur reste glacé,
Son âme s'évapore, et tout l'homme est passé.
 Sur la foi de tes chants, ô dangereux poète!
D'un maître trop fameux trop fidèle interprète,
De mon heureux espoir désormais détrompé,
Je dois donc, du plaisir à toute heure occupé,
Consacrer les moments de ma course rapide,
A la divinité que tu choisis pour guide :
Et la mère des jeux, des ris et des amours,
Doit ainsi qu'à tes vers présider à mes jours.
Si l'homme cependant au bout de sa carrière,
N'a plus que le néant pour attente dernière,
Comment puis-je goûter ces plaisirs peu flatteurs,
Du destin qui m'attend faibles consolateurs?
Tu veux me rassurer, et tu me désespères.
Vivrai-je dans la joie au milieu des misères,
Quand même je n'ai pas où reposer un cœur
Las de tout parcourir en cherchant son bonheur?
Rois, sujets, tout se plaint, et nos fleurs les plus belles
Renferment dans leur sein des épines cruelles;
L'amertume secrète empoisonne toujours
L'onde qui nous parait si claire dans son cours.
C'est le sincère aveu que me fait Epicure;
L'orateur du plaisir m'en apprend la nature.
J'abandonne ce maître; ô raison! viens à moi;
Je veux seul méditer et rester avec toi.
 Je pense. La pensée, éclatante lumière,
Ne peut sortir du sein de l'épaisse matière.
J'entrevois ma grandeur. Ce corps lourd et grossier
N'est donc pas tout mon bien, n'est pas moi tout entier.
Quand je pense, chargé de cet emploi sublime,

Plus noble que mon corps un autre être m'anime ;
Je trouve donc qu'en moi, par d'admirables nœuds,
Deux êtres opposés sont réunis entre eux ;
De la chair et du sang, le corps, vil assemblage ;
L'âme, rayon de Dieu, son souffle, son image.
Ces deux êtres, liés par des nœuds si secrets,
Séparent rarement leurs plus chers intérêts :
Leurs plaisirs sont communs, aussi bien que leurs peines.
L'âme, guide du corps, doit en tenir les rênes;
Mais par des maux cruels quand le corps est troublé,
De l'âme quelquefois l'empire est ébranlé.
Dans un vaisseau brisé, sans voile, sans cordage,
Triste jouet des vents, victime de leur rage,
Le pilote effrayé, moins maître que les flots,
Veut faire entendre en vain sa voix aux matelots,
Et lui-même avec eux s'abandonne à l'orage.
Il périt; mais le nôtre est exempt du naufrage.
Comment périrait-il? le coup fatal au corps
Divise ses liens, dérange ses ressorts :
Un être simple et pur n'a rien qui se divise,
Et sur l'âme la mort ne trouve point de prise.
Que dis-je! tous ces corps dans la terre engloutis
Disparus à nos yeux, sont-ils anéantis?
D'où nous vient du néant cette crainte bizarre?
Tout en sort, rien n'y rentre; et la nature avare
Dans tous ces changements ne perd jamais son bien.
Ton art ni tes fourneaux n'anéantiront rien,
Toi qui, riche en fumée, ô sublime alchimiste,
Dans ton laboratoire invoques Trismégiste :
Tu peux filtrer, dissoudre, évaporer ce sel,
Mais celui qui l'a fait veut qu'il soit immortel.

Prétendras-tu toujours à l'honneur de produire,
Tandis que tu n'as pas le pouvoir de détruire?
Si du sel ou du sable un grain ne peut périr,
L'être qui pense en moi craindra-t-il de mourir?
Qu'est-ce donc que l'instant où l'on cesse de vivre?
L'instant où de ses fers une âme se délivre.
Le corps, né de la poudre, à la poudre est rendu;
L'esprit retourne au ciel dont il est descendu.
 Peut-on lui disputer sa naissance divine?
N'est-ce pas cet esprit, plein de son origine,
Qui, malgré son fardeau, s'élève, prend l'essor,
A son premier séjour quelquefois vole encor,
Et revient tout chargé de richesses immenses?
Platon, combien de fois jusqu'au ciel tu t'élances!
Descartes, qui souvent m'y ravis avec toi;
Pascal, que sur la terre à peine j'aperçois;
Vous qui nous remplissez de vos douces manies,
Poètes enchanteurs, admirables génies;
Virgile, qui d'Homère appris à nous charmer;
Boileau, Corneille, et toi que je n'ose nommer,
Vos esprits n'étaient-ils qu'étincelles légères,
Que rapides clartés et vapeurs passagères?
 Que ne puis-je prétendre à votre illustre sort,
O vous dont les grands noms sont exempts de la mort!
Eh! pourquoi, dévoré par cette folle envie,
Vais-je étendre mes vœux au-delà de ma vie?
Par de brillants travaux je cherche à dissiper
Cette nuit dont le temps me doit envelopper.
Des siècles à venir je m'occupe sans cesse :
Ce qu'ils diront de moi m'agite et m'intéresse.
Je veux m'éterniser, et, dans ma vanité,

J'apprends que je suis fait pour l'immortalité.
De tout bien qui périt mon âme est mécontente.
Grand Dieu, c'est donc à toi de remplir mon attente!
Si je dois me borner aux plaisirs d'un instant,
Fallait-il pour si peu m'appeler du néant?
Et si j'attends en vain une gloire immortelle,
Fallait-il me donner un cœur qui n'aimât qu'elle?
Que dis-je? libre en tout, je fais ce que je veux;
Mais dépend-il de moi de vouloir être heureux?
Pour le vouloir, je sens que je ne suis plus libre :
C'est alors qu'en mon cœur il n'est plus d'équilibre,
Et qu'aspirant toujours à la félicité,
Dans mon ambition je suis nécessité.
Quoi! l'homme n'est-il pas l'ouvrage d'un bon maître?
Puisqu'il veut être heureux, il est donc fait pour l'être.
Sur la terre, il est vrai, je vois dans le malheur
La vertu gémissante, et le vice en honneur;
Mais j'élève mes yeux vers ce maître suprême,
Et je le reconnais dans ce désordre même.
S'il le permet, il doit le réparer un jour.
Il veut que l'homme espère un plus heureux séjour.
Oui, pour un autre temps, l'Être juste et sévère
Ainsi que sa bonté réserve sa colère.

Pères des fictions, les poëtes menteurs,
De ces dogmes, dit-on, furent les inventeurs.
Et sitôt que la Grèce, ivre de son Homère,
Eut de l'empire sombre admiré la chimère,
Le peuple, qu'effrayaient Tisiphone et ses sœurs,
D'un charmant Elysée espéra les douceurs.
Pluton fut leur ouvrage, et leurs mains, je l'avoue,
Etendirent jadis Ixion sur sa roue.

L'onde affreuse du Styx qui coulait sous leurs lois
Ferma les noirs cachots qu'elle entoura neuf fois.
Ils livrèrent Tantale à des ondes perfides,
Qui s'échappaient sans cesse à ses lèvres arides.
Par l'urne de Minos et ses arrêts cruels
Ils jetèrent l'effroi dans l'âme des mortels.
Ils leur firent entendre une ombre malheureuse
Qui, poussant vers le ciel une voix douloureuse,
S'écriait : *Par les maux que je souffre en ces lieux,*
Apprenez, ô mortels, à respecter les dieux.
Hardis fabricateurs de mensonges utiles,
Eussent-ils pu trouver des auditeurs dociles,
Sans la secrète voix, plus forte que la leur,
Cette voix qui nous crie au fond de notre cœur
Qu'un juge nous attend, dont la main équitable
Tient de nos actions le compte redoutable?
Il ne laissera point l'innocent en oubli :
Espérons et souffrons ; tout sera rétabli.
 L'attente d'un vengeur qui console Socrate
Lui fait subir l'arrêt de sa patrie ingrate.
Proscrit par l'injustice, il expire content ;
Et je l'admirerais jusqu'au dernier instant,
S'il ne me nommait pas, ô demande frivole!
La victime qu'il veut que pour lui l'on immole.
Que notre esprit est faible et s'égare aisément !
 Mais que dis-je! le mien s'égare en ce moment.
De l'immortalité tes promesses pompeuses,
A moi-même, ô raison, me deviennent douteuses.
Quoi! cette âme sujette à tant d'obscurité
Peut-elle être un rayon de la Divinité?
Dieu brillant de lumière, est-ce là ton image?

O parfait ouvrier, l'homme est-il ton ouvrage?
Dans un corps, il est vrai, je suis emprisonné :
Mais pour quel crime affreux y suis-je condamné?
Cruellement puni sans me trouver coupable,
Et toujours à moi-même énigme inconcevable,
Qu'ai-je fait? Par pitié, raison, soit mon soutien,
Réponds-moi. Mais, hélas! tu ne me dis plus rien.
A mon secours enfin j'appelle tous les hommes.
Je demande où l'on va, d'où l'on vient, qui nous sommes :
Et tous sont occupés, sans songer à mes maux,
De ces amusements qu'ils nomment leurs travaux.
On détruit, on élève, on s'intrigue, on projette :
Sans cesse l'on écrit, et sans cesse on répète.
L'un, jaloux de ses vers, vain fruit d'un doux repos,
Croit que Dieu ne l'a fait que pour ranger des mots;
L'autre, assis pour entendre et juger nos querelles,
Dicte un amas d'arrêts qui les rend éternelles.
Cent fois j'ai souhaité, j'en fais l'aveu honteux,
Pouvoir de mes malheurs me distraire comme eux :
Et, risquant sans remords mon âme infortunée,
Attendre du hasard ma triste destinée.
Quelques-uns, m'a-t-on dit, cherchant la vérité,
Dans un savant loisir ont long-temps médité :
Et leurs veilles ont fait la gloire de la Grèce :
Dans l'école d'Athène habita la sagesse.
Puisse, pour m'exposer ce merveilleux tableau,
Raphaël prendre encor son sublime pinceau!

Que de héros fameux! quels graves personnages!
Que vois-je? la discorde au milieu de ces sages;
Et de maîtres entre eux sans cesse divisés
Naissent des sectateurs l'un à l'autre opposés.

Nos folles vanités font pleurer Héraclite ;
Ces mêmes vanités font rire Démocrite.
Quel remède à nos maux que des ris ou des pleurs !
Qu'ils en cherchent la cause et guérissent nos cœurs.
Habitant des tombeaux, que t'apprend leur silence ?
« Les atomes erraient dans un espace immense ;
» Déclinant de leur route ils se sont approchés ;
» Durs, inégaux, sans peine ils se sont accrochés.
» Le hasard a rendu la nature parfaite.
» L'œil au dessous du front se creusa sa retraite ;
» Les bras aux haut du corps se trouvèrent liés ;
» La terre heureusement se durcit sous nos pieds.
» L'univers fut le fruit de ce prompt assemblage ;
» L'être libre et pensant en fut aussi l'ouvrage. »
Par honneur, Hippocrate, ou par pitié du moins,
Va guérir ce rêveur si digne de tes soins.
C'est à l'eau dont tout sort que Thalès nous ramène ;
L'air seul a tout produit, nous dit Anaximène ;
Et l'éternel pleureur assure que le feu
De l'univers naissant mit les ressorts en jeu.
Pyrrhon, qui n'a trouvé rien de sûr que son doute,
De peur de s'égarer, ne prend aucune route.
Insensible à la vie, insensible à la mort,
Il ne sait quand il veille, il ne sait quand il dort ;
Et de son indolence, au milieu d'un orage,
Un stupide animal est en effet l'image.
Orné de sa besace, et fier de son manteau,
Cet orgueilleux n'apprend qu'à rouler un tonneau.
Oui, sa lanterne en main, Diogène m'irrite,
Il cherche un homme, et lui n'est qu'un fou que j'évite.
   C'est assez contempler ces astres si parfaits ;

Anaxagore, enfin, dis-nous qui les a faits?
Mais quelle douce voix enchante mon oreille?
Tandis qu'en ces jardins Épicure sommeille,
Que de voluptueux répètent ses leçons,
Mollement étendus sur de tendres gazons!
Malheureux, jouissez promptement de la vie;
Hâtez-vous, le temps fuit, et la parque ennemie
D'un coup de son ciseau va vous rendre au néant :
Par un plaisir encor volez-lui cet instant.
Votre austère rival, pâle, mélancolique,
Fait de ses grands discours raisonner le Portique :
Je tremble en l'écoutant, sa vertu me fait peur :
Je ne puis comme lui rire dans la douleur;
J'ose la croire un mal, et le crois sans attendre
Que la goutte en fureur me contraigne à l'apprendre.
L'Académie enfin, par la voix de Platon,
Va dissiper en moi tout l'ennui de Zénon.
Mais de Platon lui-même et qu'attendre et que croire,
Quand de ne rien savoir son maître fait sa gloire?
Incertain comme lui, n'osant rien hasarder,
Il réfute, il propose, et laisse à décider.
Par quelques vérités à peine il me console :
Il s'arrête, il hésite, il doute et me désole.
Son disciple jaloux, prompt à l'abandonner,
Se retire au Lycée, et m'y veut entraîner;
Mais à l'homme inquiet le maître d'Alexandre
Du terrible avenir ne daigne rien apprendre.
Que me fait sa morale et tout son vain savoir,
S'il me laisse mourir sans un rayon d'espoir?
Loin des longs raisonneurs que la Grèce publie
Le mystique vieillard m'appelle en Italie;

La mort, si je l'en crois, ne doit point m'affliger :
On ne périt jamais, on ne fait que changer ;
Et l'homme et l'animal, par un accord étrange,
De leurs âmes entre eux font un bizarre échange.
De prisons en prisons renfermés tour à tour,
Nous mourons seulement pour retourner au jour.
Triste immortalité! frivole récompense
D'une abstinence austère, et de tant de silence!
 Philosophes, que dis-je! antiques discoureurs,
C'est prêter trop long-temps l'oreille à vos erreurs.
Ainsi donc, étourdi de pompeuses paroles,
Plus troublé que jamais, je sors de vos écoles.
Vous promettez beaucoup ; de vos grands noms frappé,
J'attendais tout de vous, et vous m'avez trompé.
Du seul fils d'Ariston je n'ai point à me plaindre :
Ennemi du mensonge, il m'apprend à le craindre ;
Il tremble à chaque pas, et vers la vérité
Je sens qu'il me conduit par sa timidité.
D'un heureux avenir je lui dois l'espérance ;
D'un Dieu qui me chérit j'entrevois la puissance
Mais s'il m'aime, ce Dieu, dans un désordre affreux
Doit-il laisser languir un sujet malheureux ?
Pourquoi de tant d'honneur et de tant de misère
Réunit-il en moi l'assemblage adultère ?
Prodigue de ses biens, un père plein d'amour
S'empresse d'enrichir ceux qu'il a mis au jour.
L'être toujours heureux rend heureux ses ouvrages :
Il s'aime, son amour s'étend sur ses images.
Il nous punit : de quoi ? nous l'a-t-il révélé ?
La terre est un exil, pourquoi suis-je exilé ?
Qui suis je ? Mais, hélas! plus je veux me connaître,

Plus la peine et le trouble en moi semblent renaître.
Qui suis-je? Qui pourra me le développer?
Voilà, Platon, voilà le nœud qu'il faut couper.
Platon ne parle plus, ou je l'entends lui-même
Avouer le besoin d'un oracle suprême.
Platon ne parle plus, quel sera mon secours?
Il faut donc me résoudre à m'ignorer toujours.
Dans ce nuage épais quel flambeau peut me luire?
Dans ce dédale obscur quel fil peut me conduire?
Qui me débrouillera ce chaos plein d'horreur?
Mon cœur désespéré se livre à sa fureur.
Vivre sans se connaître est un trop dur supplice.
Que, par pitié pour moi, la mort m'anéantisse !
O ciel! c'est ta rigueur que j'implore à genoux :
Daigne écraser enfin l'objet de ton courroux !
Montagnes, couvrez-moi! terre, ouvre tes abîmes,
Si je suis si coupable, engloutis tous mes crimes;
Et périsse à jamais le jour infortuné
Où l'on dit à mon père : *Un enfant vous est né!*
De mon état cruel quand je me désespère,
Et sens avec Platon qu'il faut qu'un Dieu m'éclaire,
J'apprends qu'un peuple entier garde encore aujourd'hui
Un livre qu'autrefois le ciel dicta pour lui.
Ah! s'il est vrai, j'y cours. Quelle route ai-je à suivre?
Où faut-il s'adresser? à quel peuple? à quel livre?
Si Dieu nous a parlé, qu'a-t-il dit? je le crois.

Pour chercher de ce Dieu la véritable loi,
Parmi tant de mortels je trouve à peine un guide.
Ensevelis, hélas! dans un repos stupide,
Ou plongés presque tous dans de frivoles soins,
Leur plus grand intérêt les occupe le moins.

Montaigne m'entretient de sa douce indolence :
Sait-il de quel côté doit pencher la balance?
Ce n'est pas vers le but que Bayle veut marcher :
C'est l'obstacle qu'il aime, il ne veut que chercher.
Pour toi, coupable auteur d'un ténébreux système,
Qui de tout réuni formes l'Être suprême,
Et qui, m'éblouisssant par tes pompeux discours,
Anéantis ce Dieu dont tu parles toujours ;
Caché dans ton nuage, impénétrable asile,
A l'abri de mes coups, tu peux rester tranquille.
Qu'à sonder l'épaisseur de ton obscurité
Tes hardis sectateurs mettent leur vanité,
Et jaloux d'un honneur où je n'ose prétendre,
Se disputent entre eux la gloire de t'entendre.
Le déiste du moins me parle sans détours :
Content de sa raison qu'il me vante toujours,
Elle seule l'éclaire ; il marche à sa lumière.

Ouvre les yeux, ingrat ; connais-la tout entière.
Cette même raison m'éclaire comme toi :
Tu la verras bientôt me conduire à la foi.
Au jour dont j'ai besoin elle-même m'appelle
Et m'apprend à chercher un guide meilleur qu'elle.
D'une religion je lui dois le désir.
C'est avec elle encor que je vais la choisir.

CHANT TROISIÈME.

Cette ville autrefois maîtresse de la terre,
Rome, qui par le fer et le droit de la guerre
Domina si long-temps sur toute nation,
Rome domine encor par la religion,
Avec plus de douceur et non moins d'étendue.
Son empire établi frappe d'abord ma vue.
Ces peuples que l'erreur rendit ses ennemis,
Contre elle révoltés, à son Dieu sont soumis.
Tout le Nord est chrétien; tout l'Orient encore
Est semé de mortels que ce grand titre honore.
Je vois, le fer en main, le superbe Ottoman
Opposer à ce nom celui de musulman.
Il me semble d'abord que, l'un et l'autre en guerre,
Mahomet et le Christ se disputent la terre.
Mais de la Mecque en vain le fameux fugitif
Sous ses bizarres lois tient l'Orient captif;
En vain, près du tombeau dont Médine est si fière,
Turc, Arabe, Persan, tout baise la poussière;
Le livre dont l'aspect fait trembler le turban,
Et qui rend le muphti respectable au sultan,
Que dicta, nous dit-on, la colombe au prophète,
M'apprend qu'il n'est du ciel qu'un second interprète;
Que le Christ, avant lui, premier ambassadeur,
Vint de l'homme tombé relever la grandeur.
Oui, le rival du Dieu que les chrétiens m'annoncent

Rend hommage lui-même à ce nom qu'ils prononcent.
O chrétien! je t'admire et je reviens à toi:
L'un et l'autre hémisphère est rempli de ta loi.
Des oracles du ciel es-tu dépositaire?
De ta religion quel est le caractère?

Si tu veux, répond-il, chercher sa vérité,
Remonte seulement à son antiquité.
L'histoire t'apprendrait sa naissance et son âge,
Si de l'homme en effet sa gloire était l'ouvrage.
Mais avec l'univers son âge prend son cours;
Elle naquit le jour que naquirent les jours.
A peine du néant l'homme venait d'éclore,
Déjà coulait pour lui le pur sang que j'adore.
Et mes premiers écrits, annales des humains,
Des mains du premier peuple ont passé dans mes mains.
Quand le ciel eut permis qu'à la race mortelle
Un livre conservât sa parole éternelle,
Aux neveux d'Israël (Dieu les aimait alors)
Moïse confia le plus grand des trésors.
Son histoire est la leur. Elle ne leur présente
Que traits dont la mémoire était alors récente;
Et leur historien ne leur déguise pas
Qu'ils sont murmurateurs, séditieux, ingrats.
Son livre cependant fut le précieux gage
Qu'un père à ses enfants laissait pour héritage.
Dans ce livre, par eux de tout temps révéré,
Le nombre des mots même est un nombre sacré.
Ils ont peur qu'une main téméraire et profane
N'ose altérer un jour la loi qui les condamne;
La loi qui de leur long et cruel châtiment
Montre à leurs ennemis le juste fondement,

Et nous apprend à nous par quels profonds mystères
Ces insensés (hélas! ils ont été nos pères),
Ces gentils, qui n'étaient que les enfants d'Adam,
Ont été préférés aux enfants d'Abraham.
Du Dieu qui les poursuit annonçant la justice,
Ils vont porter partout l'arrêt de leur supplice.
Sans villes et sans lois, sans temples, sans autels,
Vaincus, proscrits, errants, l'opprobre des mortels.
Pourquoi de tant de maux leur demander la cause?
Va prendre dans leurs mains le livre qui l'expose;
Là tu suivras ce peuple, et liras tour à tour
Ce qu'il fut, ce qu'il est, ce qu'il doit être un jour.

   Je m'arrête, et surpris d'un si nouveau spectacle,
Je contemple ce peuple, ou plutôt ce miracle.
Nés d'un sang qui jamais dans un sang étranger,
Après un cours si long, n'a pu se mélanger;
Nés du sang de Jacob, le père de leurs pères,
Dispersés, mais unis, ces hommes sont tous frères.
Même religion, même législateur;
Ils respectent toujours le nom du même auteur.
Et tant de malheureux répandus dans le monde
Ne font qu'une famille éparse et vagabonde.
Mèdes, Assyriens, vous êtes disparus;
Parthes, Carthaginois, Romains, vous n'êtes plus;
Et toi, fier Sarrazin, qu'as-tu fait de ta gloire?
Il ne reste de toi que ton nom dans l'histoire.
Ces destructeurs d'Etats sont détruits par le temps,
Et la terre cent fois a changé d'habitants;
Tandis qu'un peuple seul, que tout peuple déteste,
S'obstine à nous montrer son déplorable reste.

   Que nous font, disent-ils, vos opprobres cruels,

Si le Dieu d'Abraham veut nous rendre immortels?
Non, non; le Dieu vivant, stable dans sa parole,
A juré; son serment ne sera point frivole.
Il n'a point déchiré le contrat solennel
Qu'il remit dans les mains de l'antique Israël.
Sur ses heureux enfants *une étoile doit luire*,
Et du sang de Jacob un chef doit nous conduire.
En vain par son oubli Dieu semble nous punir;
Nous espérons toujours celui qui doit venir.
Fidèles au milieu de nos longues misères,
Nous attendons le roi qu'ont attendu nos pères.
Le grand jour, il est vrai, qui leur fut annoncé,
Devait briller sur nous, et son terme est passé.
Gardons-nous toutefois, trop hardis interprètes,
De supputer les temps marqués par les prophètes.
Maudit soit le mortel par qui sont calculés
Des jours cent fois prédits, dès long-temps écoulés;
Non que de ses serments l'Eternel se repente;
Mais puisqu'il a voulu prolonger notre attente,
L'esclave avec son maître a-t-il droit de compter?
Ce calcul insolent, vous osez le tenter,
Sacriléges chrétiens, jaloux de nos richesses,
Qui croyez posséder l'objet de nos promesses.
Hélas! de quelle ardeur, si ce maître eût paru,
Sous ses nobles drapeaux tout son peuple eût couru!
Qu'il vous ferait gémir sous le poids de ses armes,
Et payer chèrement l'intérêt de nos larmes!

Ainsi parlent les Juifs. Terrible aveuglement,
D'un crime inconcevable étrange châtiment!
Leur roi promis du ciel, s'il n'en veut point descendre,
Si son terme est passé, pourquoi toujours l'attendre?

Ils attendront toujours : cet oracle est rendu.
Le voile tant prédit est sur eux étendu.
Des antiques auteurs de ce fameux volume
Dieu, qui seul sait les temps, a donc conduit la plume.
Sans doute il est sacré, ce livre dont je voi
Tant de prédictions s'accomplir devant moi.
Respectant désormais sa vérité divine,
De la religion j'y cherche l'origine.

Je l'ouvre, et vois d'abord un ouvrier parfait
Dont *au commencement* la parole a tout fait.
Le premier des humains, qui lui doit sa naissance,
Par son souffle inspiré, fait à sa ressemblance,
Et que doivent servir tous les êtres divers,
Comme dans son domaine entre dans l'univers.
Il ne put sans orgueil soutenir tant de gloire ;
A l'ange séducteur il céda la victoire,
Et perdit tous ses droits à la félicité ;
Droits qu'il aurait transmis à sa postérité,
Mais que révoqua tous la suprême justice.
L'immuable décret d'un éternel supplice
Réglait déjà le sort de l'ange ténébreux.
Coupable comme lui, toutefois plus heureux,
Quand tout pour nous punir s'armait dans la nature,
L'homme entendit parler d'une grâce future,
Et, dans le même arrêt dont il fut accablé,
Par un mot d'espérance il se vit consolé.
A cet instant commence et se suit d'âge en âge
De l'homme réparé l'auguste et grand ouvrage ;
Et son réparateur, alors comme aujourd'hui,
Ou promis, ou donné, réunit tout en lui.

On peut donc l'expliquer par ce livre admirable,

Aux Platon comme à moi, l'énigme inconcevable.
Le nuage s'écarte, et mes yeux sont ouverts.
Je vois le coup fatal qui change l'univers;
J'y vois entrer le crime et son désordre extrême.
Enfin je ne suis plus un mystère à moi-même.
Le nœud se développe; un rayon qui me luit
De ce sombre chaos a dissipé la nuit.

Mais l'enfant innocent peut-il pour héritage...
Ce doute seul, hélas! ramène le nuage,
Et ce n'est plus encor qu'un chaos que je voi.
Dieu, l'homme et l'univers, tout y rentre pour moi.
Quand je crois, la lumière aussitôt m'est rendue;
Dieu, l'homme et l'univers, tout revient à ma vue.
L'ouvrage fut parfait, il est défiguré.
Apprenons à quel point l'homme s'est égaré.

Le père criminel d'une race proscrite
Peupla d'infortunés une terre maudite.
Pour prolonger des jours destinés aux douleurs,
Naissent les premiers arts, enfants de nos malheurs.
La branche en longs éclats cède au bras qui l'arrache;
Par le fer façonnée, elle alonge la hache;
L'homme avec son secours, non sans un long effort,
Ebranle et fait tomber l'arbre dont elle sort;
Et, tandis qu'au fuseau la laine obéissante
Suit une main légère, une main plus pesante
Frappe à coups redoublés l'enclume qui gémit.
La lime mord l'acier, et l'oreille en frémit.
Le voyageur qu'arrête un obstacle liquide,
A l'écorce d'un bois confie un pied timide.
Retenu par la peur, par l'intérêt pressé,
Il avance en tremblant; le fleuve est traversé.

Bientôt ils oseront, les yeux vers les étoiles,
S'abandonner aux mers sur la foi de leurs voiles.
Avant que dans les pleurs ils pétrissent leur pain,
Avec de longs soupirs ils ont brisé le grain.
Un ruisseau par son cours, le vent par son haleine,
Peut à leurs faibles bras épargner tant de peine;
Mais ces heureux secours, si présents à leurs yeux,
Quand ils les connaîtront, le monde sera vieux.
Homme né pour souffrir, prodige d'ignorance,
Où vas-tu donc chercher ta stupide arrogance?

Tandis que le besoin, l'industrie et le temps
Polissent par degrés tous les arts différents;
Enfantés par l'orgueil, tous les crimes en foule
Inondent l'univers; le fer luit, le sang coule.
Le premier que les champs burent avec horreur
Fut le sang qui d'un frère assouvit la fureur.
Ces malheureux, tombant d'abîmes en abîmes,
Fatiguèrent le ciel par tant de nouveaux crimes,
Qu'enfin lent à punir, mais las d'être outragé,
Par un coup éclatant leur maître fut vengé.
De la terre aussitôt les eaux couvrent la face,
Ils sont ensevelis; c'était fait de leur race;
Mais un juste épargné va rendre en peu de temps
A ce monde désert de nouveaux habitants.
La terre toutefois, jusque-là vigoureuse,
Perdit de tous ses fruits la douceur savoureuse.
Des animaux alors on chercha le secours;
Leur chair soutint nos corps réduits à peu de jours.

Les poètes, dont l'art, par une audace étrange,
Sait du faux et du vrai faire un confus mélange,
De leurs récits menteurs prirent pour fondements

Les fidèles récits de tant d'événements;
Et, pour mieux amuser les oisives oreilles,
Cherchèrent dans ces faits leurs premières merveilles.
De là ces temps fameux qu'ils regrettent encor,
Doux empire de Rhée, âge pur, siècle d'or,
Où, sans qu'il fût besoin de lois ni de supplice,
L'amour de la vertu fit régner la justice ;
Siècle d'or, sous ce nom puisqu'ils ont célébré
Ce siècle plus heureux où l'or fut ignoré !
Sobre dans ses désirs, l'homme, pour nourriture,
Se contentait des fruits offerts par la nature.
La mort tardive alors n'approchait qu'à pas lents.
Mais, las de dépouiller les chênes de leurs glands,
Il essaya le fer sur l'animal timide;
La flèche dans les airs chercha l'oiseau rapide ;
L'innocente brebis tomba sous sa fureur,
Et ce sang au carnage accoutumant son cœur,
Le fer devint bientôt l'instrument de sa perte,
Et de crimes enfin la terre était couverte,
Lorsqu'un déluge affreux en fut le châtiment.
Tout nous rappelle encor ce grand événement.
Fable, histoire, physique, ont un même langage;
Au livre des Hébreux ainsi tout rend hommage;
Et même l'on dirait que, pour s'accréditer,
La fable en sa naissance ait voulu l'imiter.
Laissons-la toutefois s'égarer dans sa course,
Et de la vérité suivons toujours la source.

 La terre sort des eaux, et voit de toutes parts
Reparaître les fruits, les hommes et les arts.
Tout renaît, nos malheurs et nos crimes ensemble.
Sous des toits chancelants d'abord on se rassemble.

La crainte fait chercher des asiles plus sûrs;
On creuse les fossés, on élève les murs.
Qu'une tour des mortels soit l'immortel ouvrage.
Dieu descend pour la voir, et confond leur langage.
Ne pouvant plus s'entendre, il faut se séparer.
Ils se rechercheront, mais pour se massacrer.
D'un importun voisin on jure la ruine;
On attaque, on renverse, on pille, on assassine.
Homme injuste et cruel, que dans son repentir
Le Dieu qui t'avait fait voulut anéantir,
Malheureux dont il vient d'abréger la carrière,
Pourquoi brille ce fer dans ta main meurtrière?
Le ciel t'a-t-il encore accordé trop de jours?
Mais qui va de leur rage entretenir le cours?
Quel intérêt les forme au grand art de la guerre?
Egaux et souverains, tous maîtres de la terre,
Ils la possèdent toute en n'y possédant rien.
Il est à moi ce champ, ce canton c'est le mien.
Ce ruisseau... de mon bras il faut que tu l'obtiennes;
S'il coulait sous tes lois, qu'il coule sous les miennes.
On s'empare d'un arbre, on usurpe un buisson.
De roi, de conquérant le vainqueur prend le nom.
Dans son vaste domaine il met cette rivière;
Bientôt cette montagne en sera la frontière.
Alexandre s'avance, et n'est plus un brigand;
C'est l'heureux fondateur d'un empire puissant,
Que d'un nouvel empire alarme la naissance.
Provinces, nations, royaumes, tout commence.
La terre sur son sein ne voit que potentats
Qui partagent sa boue en superbes Etats;
Et sur elle on prépare aux majestés suprêmes

Pourpre, trônes, palais, sceptres et diadèmes.
  Mais lorsque par le fer leur droit est établi,
Le droit du ciel sur eux tombe presque en oubli ;
Et, recherchant ce Dieu dont la mémoire expire,
L'homme croit le trouver dans tout ce qu'il admire.
De l'astre qui pour lui renaît tous les matins,
Ainsi que la lumière il attend ses destins.
Aux feux inanimés qui roulent sur leurs têtes,
Les peuples, en tremblant, demandent des conquêtes.
Des dons de leurs pareils bientôt reconnaissants,
Ils adorent des arts les auteurs bienfaisants.
Devant son Osiris l'Egypte est en prière ;
Vainement un tombeau renferme sa poussière ;
Grossièrement taillée, une pierre en tient lieu ;
D'un tronc qui pourrissait le ciseau fait un dieu.
Du hurlant Anubis la ridicule image
Fait tomber à genoux tout ce peuple si sage.
Je ne vois chez Ammon qu'horreur, que cruauté ;
Le sacrificateur, bourreau par piété,
Du barbare Moloch assouvit la colère
Avec le sang du fils et les larmes du père.
Près de ce dieu cruel, un dieu voluptueux,
Honoré par un culte impur, incestueux,
Chamos, qui de Moab engloutit les victimes,
De ses adorateurs n'exige que des crimes.
Que de gémissements et de lugubres cris !
O filles de Sidon ! vous pleurez Adonis :
Une dent sacrilége en a flétri les charmes,
Et sa mort tous les ans renouvelle vos larmes.
Et toi, savante Grèce, à ces folles douleurs
Nous te verrons bientôt mêler aussi tes pleurs.

La foule de ces dieux qu'en Egypte on adore
Ne pouvant te suffire, à de nouveaux encore
De l'immortalité tu feras le présent :
Ton Atlas gémira sous un ciel trop pesant.
Nymphes, faunes, sylvains, divinités fécondes,
Peupleront les forêts, les montagnes, les ondes.
Chaque arbre aura la sienne; et les Romains un jour,
De ces maitres vaincus esclaves à leur tour,
Prodigueront sans fin la majesté suprême.
Empereurs, favoris, Antinoüs lui-même,
Par arrêt du sénat entreront dans les cieux,
Et les hommes seront plus rares que les dieux
  Terre, quelle est ta gloire, et quel temps de lumière,
Quand la Divinité se rend si familière !
Courons, l'argent en main, entourer ses autels,
Elle est prête à répondre au moindre des mortels.
Dans Delphes, dans Délos elle fait sa demeure;
Aux sables de l'Afrique elle parle à toute heure :
A Dodone sans peine on peut l'entretenir,
Et d'un chêne prophète apprendra l'avenir.
Pourquoi le demander, s'il est inexplicable?
Que sert de le savoir, s'il est inévitable ?
Des maux que nous craignons pourquoi nous assurer?
L'incertitude au moins nous permet d'espérer.
N'importe : les destins que le ciel nous prépare,
A notre impatience il faut qu'il les déclare ;
Et s'ils ne sont écrits dans le cœur d'un taureau,
Nous irons les chercher dans le vol d'un oiseau.
O gravité de Rome ! ô sagesse d'Athènes !
Quel culte extravagant ! que de fêtes obscènes !
Quels sont tous ces secrets dont on ne peut parler?

O mystères suspects qu'on n'ose révéler !
   Tandis que sagement on cache leur folie,
Chez d'ignorants Hébreux, femme, enfant, tout public :
C'est de toute notre âme, et de tout notre cœur
Que nous devons aimer notre Dieu, le Seigneur,
L'Être unique, qui fit le ciel, la terre et l'homme.
JE SUIS CELUI QUI SUIS, *c'est ainsi qu'il se nomme.*
Et sur l'homme, et sur Dieu, sublimes vérités!
Dans un pays obscur d'où viennent ces clartés ?
Ce seul coin de la terre est sauvé du naufrage.
Le Dieu qui le protége en écarte l'orage.
L'ordre des éléments se renverse à sa voix,
La nature est contrainte à s'écarter des lois
Qu'au premier jour du monde il lui dicta lui-même,
Mais que change à son gré sa volonté suprême.
Ce peuple si sincère, attestant aujourd'hui
Les prodiges nombreux que le ciel fit pour lui,
Dans ses solennités en garde la mémoire.
Je pourrais dans mes vers en retracer l'histoire.
L'on y verrait encor la mer ouvrir ses eaux,
Les rochers s'amollir et se fondre en ruisseaux,
Les fleuves effrayés remonter à leur source,
L'astre pompeux du jour s'arrêter dans sa course.
Mais, frappé tout-à-coup par l'éclat glorieux
Que les prophètes saints font briller à mes yeux,
Chez un peuple qui marche au milieu des miracles,
Je ne veux m'arrêter qu'au plus grand des spectacles.
   Dans un temps qu'à des jours et tranquilles et longs,
A de fertiles champs, à des troupeaux féconds,
Il semble que le ciel ait borné ses promesses,
On voit, ambitieux de plus nobles richesses,

Des hommes pleins du Dieu dont ils sont inspirés,
Errants, de peaux couverts, des villes retirés :
Ils n'y vont quelquefois, ministres inflexibles,
Que pour y prononcer des menaces terribles.
Aux rois épouvantés ils n'adressent leur voix
Que comme ambassadeurs du souverain des rois.
Chassés, tristes objets d'opprobres et de haines,
Déchirés par le fer, maudits, chargés de chaines,
Dans les antres cachés, contents dans leur malheur
De se rassasier du pain de la douleur,
Admirables mortels dont la terre est indigne,
Ils répètent que Dieu *rejettera sa vigne*;
Que sur une autre terre, et sous un ciel nouveau,
Le loup doit dans les champs bondir avec l'agneau.
Ils répètent que *Dieu, las du sang des génisses,*
Abolissant enfin d'impuissants sacrifices,
Verra la pure hostie immolée en tout lieux.
La terre produira son germe précieux ;
Du juste de Sion, que les îles attendent,
Déjà de tous côtés les rayons se répandent.
De son immense gloire ils sont environnés,
Quand, par un autre objet tout-à coup détournés,
Ce juste à leurs regards n'est plus reconnaissable.
Sans beauté, sans éclat, ignoré, méprisable,
Frappé du ciel, chargé du poids de nos malheurs,
Le dernier des humains, et l'homme de douleurs
Avec des scélérats, ainsi que leur complice,
Comme un agneau paisible on le mène au supplice.
Quel autre que le Dieu qui dévoile les temps
Présentait à leurs yeux ces tableaux différents ;
Ils nous font espérer *un maître redoutable,*

*Le prince de la paix, le Dieu fort, l'admirable,
Son trône est entouré de rois humiliés :
Ses ennemis vaincus frémissent à ses pieds ;
Son règne s'étendra sur les races futures.*
Sa gloire disparait, et, couvert de blessures,
C'est le pasteur mourant d'un troupeau dispersé.
En contemplant celui que ses mains ont percé,
Saisi d'étonnement, un peuple est en alarmes ;
La mort d'un fils unique arrache moins de larmes.
David, qui voit de loin ce brillant rejeton,
Plus sage, plus heureux, plus grand que Salomon,
Du sein de l'Éternel sortir avant l'aurore,
Dans l'horreur des tourments David le voit encore.
Du roi de Babylone admirable captif,
A deux objets divers Dieu te rend attentif.
Élevé sur son trône, à son fils qui s'avance
Il donne à haute voix l'empire et la puissance.
Mais tout change à tes yeux : ce fils est immolé :
*Le Christ est mis à mort, le lieu saint désolé ;
Le grand-prêtre éperdu dans la fange se roule ;*
Tout périt, l'autel tombe, et le temple s'écroule.
C'est ce même captif qui voit tous à leurs rangs,
Pareils à des éclairs, passer les conquérants.
Il voit naître et mourir leurs superbes empires.
Babylone, c'est toi qui sous le Perse expires.
Alexandre punit tes vainqueurs florissants.
Rome punit la Grèce et venge les Persans.
Elle renversera toute grandeur suprême,
Et le marteau fatal sera brisé lui-même.
O Rome, tes débris seront les fondements
D'un empire vainqueur des hommes et des temps.

Mais ce n'est point assez qu'annonçant ces miracles
Des prophètes nombreux répètent leurs oracles.
Tout rempli du dessein qu'il doit exécuter,
Dieu par des coups d'essai semble le méditer :
A nos yeux à toute heure il en montre une image,
Et dans ses premiers traits crayonne son ouvrage.
Que les plus tendres mains conduisent au bûcher
Ce fils obéissant qui s'y laisse attacher :
Paisible sacrifice, où le prêtre tranquille
Va frapper sans pâlir sa victime immobile ;
Que l'enfant le plus cher, en esclave vendu,
Et du sein de l'opprobre à la gloire rendu,
Aimé, craint, adoré des villes étrangères,
Soit enfin reconnu par ses perfides frères ;
Pour le sang d'un agneau que rempli de respect
L'ange exterminateur s'écarte à son aspect ;
Que de tant de maisons au glaive condamnées
Celles que teint ce sang soient seules épargnées ;
Qu'en attachant ses yeux sur un signe élevé,
Par un heureux regard le mourant soit sauvé ;
Que le jour de tristesse où le grand-prêtre expire
A tant de malheureux que son trépas retire
Des asiles prescrits à leur captivité,
Devienne un jour de grâce et de félicité :
Que par les criminels proscrits pendant l'orage
Le juste en périssant les sauve du naufrage ;
Qu'il revive, et ne soit victime que trois jours
Du monstre qui parut l'engloutir pour toujours :
Tout m'annonce de loin ce que le ciel projette,
Et, sans cesse conduit par un peuple prophète,
J'arrive pas à pas au terme désiré,
Où le Dieu tant de fois prédit et figuré

Doit de son règne saint établir la puissance,
Ce règne dont mes vers vont chanter la naissance.

CHANT QUATRIÈME.

Les empires détruits, les trônes renversés,
Les champs couverts de morts, les peuples dispersés,
Et tous ces grands revers que notre erreur commune
Croit nommer justement les jeux de la fortune,
Sont les jeux de celui qui, maître de nos cœurs
A ses desseins secrets fait servir nos fureurs,
Et, de nos passions réglant la folle ivresse,
De ses projets par elle accomplit la sagesse.
Les conquérants n'ont fait, par leur ambition,
Que hâter les progrès de la religion :
Nos haines, nos combats ont affermi sa gloire :
C'est le prouver assez que conter son histoire.
 Je sais bien que, féconde en agréments divers,
La riche fiction est le charme des vers.
Nous vivons du mensonge, et le fruit de nos veilles
N'est que l'art d'amuser par de fausses merveilles ;
Mais à des faits divins mon écrit consacré
Par ces vains ornements serait déshonoré.
Je laisse à Sannazar son audace profane.
Loin de moi ces attraits que mon sujet condamne :
L'âme de mon récit est la simplicité.
Ici tout est merveille, et tout est vérité.
 Le Dieu qui dans ses mains tient la paix et la guerre,

Tranquille au haut des cieux, change à son gré la terre.
Avant que le lien de la religion
Soit le lien commun de toute nation,
Il veut que l'univers ne soit qu'un seul empire.
L'ambition de Rome à ce dessein conspire;
Mais un état si vaste, en proie aux factions
Est le règne du trouble et des divisions.
Il veut que sur la terre, aux mêmes lois soumise,
Un paisible commerce en tous lieux favorise
De ses ordres nouveaux les ministres divins.
Ils pourront les porter par de libres chemins,
Si l'univers n'a plus pour maître qu'un seul homme.
C'est ce Dieu qui le veut; la liberté de Rome,
Ranimant ses soldats par César abattus,
Du dernier coup frappée, expire avec Brutus.
Dans ses nombreux vaisseaux une reine ose encore
Rassembler follement les peuples de l'aurore,
Elle fuit, l'insensée : avec elle tout fuit,
Et son indigne amant honteusement la suit.
Jusqu'à Rome bientôt par Auguste traînées,
Toutes les nations à son char enchaînées,
L'Arabe, le Gélon, le brûlant Africain,
Et l'habitant glacé du nord le plus lointain,
Vont orner du vainqueur la marche triomphante.
Le Parthe s'en alarme, et d'une main tremblante
Rapporte les drapeaux à Crassus arrachés.
Dans leurs Alpes en vain les Rhètes sont cachés :
La foudre les atteint, tout subit l'esclavage.
L'Araxe, mugissant sous un pont qui l'outrage,
De son antique orgueil reçoit le châtiment,
Et l'Euphrate soumis coule plus mollement.

Paisible souverain des mers et de la terre,
Auguste ferme enfin le temple de la guerre.
Il est fermé ce temple, où par cent nœuds d'airain,
La discorde attachée, et déplorant en vain
Tant de complots détruits, tant de fureurs trompées,
Frémit sur un amas de lances et d'épées.
Aux champs déshonorés par de si longs combats
La main du laboureur rend leurs premiers appas.
Le marchant loin du port, autrefois son asile,
Fait voler ses vaisseaux sur une mer tranquille.
   Les poètes, surpris d'un spectacle si beau,
Sont saisis à l'instant d'un transport tout nouveau :
Ils annoncent que Rome, après tant de miracles,
Va voir le temps heureux prédit par ses oracles.
Un siècle, disent-ils, recommence son cours,
Qui doit de l'âge d'or nous ramener les jours.
Déjà descend du ciel une race nouvelle ;
La terre va reprendre une face plus belle,
Tout y deviendra pur, et ses premiers forfaits,
S'il en reste, seront effacés pour jamais.
   Tant de prédictions qui frappent les oreilles
Font d'un grand changement espérer les merveilles.
Vers l'Orient alors chacun tourne les yeux ;
C'est de là qu'on attend ce roi victorieux,
Qui, sortant des climats où le jour prend naissance,
Doit soumettre la terre à son obéissance.
Jérusalem s'éveille à des bruits si flatteurs :
L'héritier de Jacob en cherche les auteurs.
Des prophètes sacrés parcourant les volumes,
Sans peine il reconnait le siècle dont leurs plumes
Ont décrit tant de fois les jours délicieux.

« Il est venu ce temps, espoir de nos aïeux,
» Où le fer dont la dent rend les guérets fertiles
» *Sera forgé du fer des lances inutiles.*
» La justice et la paix s'embrassent devant nous.
» Le glaive étincelant d'un royaume jaloux
» N'ose plus aujourd'hui s'irriter contre un autre !
» Le bonheur des humains nous annonce le nôtre.
» Sous un joug étranger nous avons succombé,
» *Et des mains de Juda notre sceptre est tombé.*
» Mais notre opprobre même assure notre gloire :
» Des promesses du ciel rappelons la mémoire. »
 Cependant il paraît à ce peuple étonné
Un homme (si ce nom lui peut être donné)
Qui, sortant tout-à-coup d'une retraite obscure,
En maître, et comme Dieu, commande à la nature.
A sa voix sont ouverts des yeux long-temps fermés,
Du soleil qui les frappe éblouis et charmés.
D'un mot il fait tomber la barrière invincible
Qui rendait une oreille aux sons inaccessible ;
Et la langue qui sort de la captivité
Par de rapides chants bénit sa liberté.
Des malheureux traînaient leurs membres inutiles,
Qu'à son ordre à l'instant ils retrouvent dociles.
Le mourant étendu sur un lit de douleurs
De ses fils désolés court essuyer les pleurs.
La mort même n'est plus certaine de sa proie.
Objet tout à la fois d'épouvante et de joie,
Celui que du tombeau rappelle un cri puissant
Se relève, et sa sœur pâlit en l'embrassant.
Il ne repousse point les fleuves vers leur source ;
Il ne dérange pas les astres dans leur course.

On lui demande en vain des signes dans les cieux.
Vient-il pour contenter les esprits curieux?
Ce qu'il fait d'éclatant, c'est sur nous qu'il l'opère,
Et pour nous sort de lui sa vertu salutaire.
Il guérit nos langueurs, il nous rappelle au jour;
Sa puissance toujours annonce son amour.
Mais c'est peu d'enchanter les yeux par ces merveilles,
Il parle : ses discours ravissent les oreilles.
Par lui sont annoncés de terribles arrêts;
Par lui sont révélés de sublimes secrets.
Lui seul n'est point ému des secrets qu'il révèle :
Il parle froidement d'une gloire éternelle;
Il étonne le monde, et n'est point étonné;
Dans cette même gloire il semble qu'il soit né;
Il paraît ici-bas peu jaloux de la sienne.
Qu'empressé de l'entendre un peuple le prévienne,
Il n'adoucit jamais aux esprits révoltés
Ses dogmes rigoureux, ses dures vérités.
C'est en vain qu'on murmure, il faut croire, il l'ordonne.
D'un œil indifférent il voit qu'on l'abandonne.
Un disciple qui vient se jeter dans ses bras,
Et qui renonce à tout pour marcher sur ses pas,
Lui demande par grâce un délai nécessaire,
Un moment pour aller ensevelir son père.
Dès ce moment suis-moi, lui répond-il alors,
Et laisse aux morts le soin d'ensevelir leurs morts.
Quittons tout pour lui seul, que rien ne nous arrête;
Cependant il n'a pas où reposer sa tête.

 D'un tel législateur quel sera le destin?
Jadis de la vertu Platon prévit la fin.
Que son héros, dit-il, attende avec courage

Tout ce que des méchants lui prépare la rage.
S'il se montre à la terre, à la terre arraché,
Proscrit, frappé, sanglant, *à la croix attaché*,
Paix secrète du cœur, gage de l'innocence,
C'est toi seule à sa mort qui seras sa défense.
L'oracle est accompli. Le juste est immolé.
Tout s'émeut, et des bords du Jourdain désolé
Au Tibre en un moment le bruit s'en fait entendre.
D'intrépides humains courent pour le répandre ;
Ils volent : l'univers est rempli de leur voix.

« Repentez-vous, pleurez, et montez à sa croix.
» Quel que soit le forfait, la victime l'expie,
» Vous avez fait mourir le maître de la vie.
» Celui que vos bourreaux traînaient en criminel
» Est l'image, l'éclat, le fils de l'Eternel.
» Ce Dieu dont la parole enfanta la lumière,
» Couché dans un tombeau, dormait dans la poussière ;
» Mais la mort est vaincue, et l'enfer dépouillé.
» La nature a frémi, son Dieu s'est réveillé.
» Il vit, nos yeux l'ont vu. Croyez. » Parole étrange !
Ils commandent de croire ; ont les croit et tout change.

Simples dans leurs discours, simples dans leurs écrits,
Les accusera-t-on d'éblouir nos esprits ?
Ils content leurs erreurs, leur honte, leur faiblesse.
Par eux de leur naissance apprenant la bassesse,
J'apprends aussi par eux leur infidélité,
Le trouble de leur maître, et sa timidité.
A l'aspect de la mort il s'attriste, il frissonne ;
Languissant, prosterné, la force l'abandonne ;
Et le calice amer qu'on doit lui présenter,
Loin de lui, s'il pouvait, il voudrait l'écarter.

Est-il donc d'un héros d'écouter la nature?
Socrate en étouffa jusqu'au moindre murmure.
L'imposture, féconde en discours séduisants,
Eût orné son récit de charmes plus puissants.

   Leurs écrits, direz-vous, dépouillés d'artifice,
Ne font point dans leur cœur soupçonner de malice.
Trop simples en effet, et séduits les premiers,
Ils ont cru follement des mensonges grossiers.
Mais s'ils ont pu les croire, ont-ils pu les écrire
Parmi des ennemis prêts à les contredire?
A peine aux yeux mortels leur maître est disparu,
A toute heure, en tout lieu, tout un peuple l'a vu.
Qu'elle a d'autorité l'histoire qu'en silence
Sont contraints d'écouter des témoins qu'elle offense!
Combien de ces témoins, déjà tout pleins de foi,
Juifs circoncis du cœur, ont reconnu pour roi
De la Jérusalem éternelle, invisible,
Celui qui dans la leur, traité de roi risible,
D'épines couronné par les mains d'un bourreau,
Dans les siennes pour sceptre a vu mettre un roseau!
Vrais enfants d'Abraham, hâtez donc votre fuite;
Titus accourt, sortez d'une ville proscrite.

   En quel funeste état te découvrent mes yeux,
Ville jadis si belle! O peuple ami des cieux,
Qu'as-tu fait à ton Dieu? sa vengeance est certaine.
Comment à tant d'amour succède tant de haine!
Son bras de jour en jour s'appesantit sur toi,
Et tu ne fus jamais plus zélé pour sa loi.
Combien d'avant-coureurs annoncent ta ruine!
Et la guerre étrangère, et la guerre intestine,
Et les embrasements, et la peste, et la faim.

Que de maux rassemblés ! L'orage éclate enfin :
Le nuage est crevé, je vois partir la foudre.
Jérusalem n'est plus, et le temple est en poudre.
Les feux malgré Titus prompts à le consumer,
Ces feux vengeurs, le ciel saura les allumer,
Quand des audacieux oseront entreprendre
De relever encor ce temple de sa cendre.
« O peuple que je plains, ton vainqueur est-ce moi ?
» C'est ton Dieu, dit Titus, qui se venge de toi.
» Oui, sans doute, le ciel les punit d'une offense ;
» Je n'ai fait que prêter mon bras à sa vengeance. »
Ils l'ont bien mérité ce châtiment affreux ;
Le sang de leur victime est retombé sur eux.
Le père a pour long-temps proscrit ses fils rebelles ;
Le maître a retranché les branches infidèles ;
Il n'a point toutefois arraché l'arbre ingrat,
Mais un nouveau prodige en a changé l'éclat.
Sur cet arbre étonné que de branches nouvelles,
Sauvages autrefois, aujourd'hui naturelles !
Que vois-je ? l'étranger dépouille l'héritier,
Et le fils adopté succède le premier.

De ces nouveaux enfants que la mère est féconde !
Ils ne font que de naître et remplissent le monde.
Les maîtres des pays par le Nil arrosés,
D'une antique sagesse enfin désabusés,
Ont déjà de la croix embrassé la folie.
A l'aspect d'un bois vil le Parthe s'humilie ;
Et réunis entre eux pour la première fois,
Les Scytes vagabonds reconnaissent des lois.
A l'auteur du soleil le Perse offre un hommage
Que l'erreur si long-temps lui fit rendre à l'ouvrage.

Des déserts libyens le farouche habitant,
Le Sarmate indocile et l'Arabe inconstant,
De ses sauvages mœurs adoucit la rudesse.
Corinthe se réveille, et sort de sa mollesse.
Athène ouvrant les yeux, reconnaît le pouvoir
Du Dieu qu'elle adora long-temps sans le savoir.
Mieux instruite aujourd'hui, cet autel qu'elle honore
N'est plus enfin l'autel d'un maître qu'elle ignore.
Il est trouvé ce Dieu tant cherché par Platon;
L'aréopage entier retentit de son nom.
Les Gaulois détestant les honneurs homicides
Qu'offre à leurs dieux cruels le fer de leurs druides,
Apprennent que pour nous le ciel moins rigoureux
Ne demanda jamais le sang d'un malheureux,
Et qu'un cœur qu'a brisé le repentir du crime
Est aux yeux d'un Dieu saint la plus sainte victime.
Tes illustres martyrs sont tes premiers trésors,
Opulente cité, la gloire de ces bords
Où la Saône enchantée à pas lents se promène,
N'arrivant qu'à regret au Rhône qui l'entraîne.
Toi que la Seine embrasse, et qui dois à ton tour
L'enfermer dans le sein de ton vaste contour,
Ville heureuse, sur toi brille la foi naissante.
Qu'un jour tes sages rois la rendront florissante!
Sur vos têtes aussi luit cet astre divin,
Vous que baignent les flots du Danube et du Rhin;
Vous qui buvez les eaux du Tage et de l'Ibère;
Vous que dans vos forêts le jour à peine éclaire.
Et vous que séparant du reste des humains
Les mers avaient sauvés des fureurs des Romains,
Lieux où ne put voler leur aigle ambitieuse,

Je vois dans vos climats la foi victorieuse.
Au grand nom qui du monde a couru les deux bouts
De l'Inde à la Tamise on fléchit les genoux.
La croix a tout conquis, et l'église s'écrie :
Comment à tant d'enfants ai-je donné la vie ?
 Sur les rives du Tibre éclate sa splendeur ;
Là de son règne saint s'élève la grandeur ;
Et dans Rome est fondé son trône inébranlable,
A tout ambitieux trône peu désirable.
Sur ses degrés sanglants je ne vois que des morts ;
C'était pour en tomber qu'on y montait alors.
Dans ces temps où la foi conduisait aux supplices,
D'un troupeau condamné glorieuses prémices,
Les pasteurs espéraient des supplices plus grands.
Tel fut chez les chrétiens l'honneur des premiers rangs.
Quel spectacle en effet à mes yeux se présente !
Quels tourments inconnus que la fureur invente !
De bitume couverts, ils servent de flambeaux ;
Déchirés lentement, ils tombent en lambeaux ;
Dans ces barbares jeux, théâtres du carnage,
Des tigres, des lions on irrite la rage.
Que de feux ! que de croix ! que d'échafauds dressés !
Combien de bourreaux las, de glaives émoussés !
Injuste contre eux seuls, le plus juste des princes
Par ce sang odieux contente ses provinces.
Pour eux tout empereur, Trajan même, est Néron.
Ils se nomment chrétiens, et leur crime est leur nom.
Ils demandent la mort, ils courent aux supplices,
Les plus longues douleurs prolongent leurs délices ;
Les rigueurs des tyrans leur semblent d'heureux dons ;
Il bénissent la main qui détruit leurs prisons.

Qui peut leur inspirer la haine de la vie?
D'éterniser son nom la ridicule envie
Quelquefois, je l'avoue, en étouffe l'amour.
Lorsque sur un bûcher Peregrin, las du jour,
D'un trépas éclatant cherche la renommée,
Un cynique orgueilleux s'évapore en fumée.
Mais cet immense amas de femmes et d'enfants
Qu'immolaient les Romains, qu'égorgeaient les Persans,
Tant d'hommes dont les noms sont restés sans mémoire,
Couraient-ils à la mort pour vivre dans l'histoire?
Plaignez, me dira-t-on, leur triste aveuglement.
L'erreur a ses martyrs : le bonze follement
Ose offrir à son dieu, stérile sacrifice,
Un corps qu'a déchiré son bizarre caprice.
Victime d'un usage antique et rigoureux,
La veuve, sans frémir, s'élance dans les feux,
Pour rejoindre un époux que souvent elle abhorre.
Chez un peuple insensé cette loi vit encore.
Egarement cruel! loi digne de nos pleurs!
Que la religion enfante de malheurs!

   Respectons des mortels que Dieu même autorise.
Oui, de ses plus grands dons le ciel les favorise,
Et le ciel n'a jamais favorisé l'erreur.
Ils chassent cet esprit et de haine et d'horreur,
Cet infernal tyran, dont nos maux font la joie.
A la voix des chrétiens abandonnant sa proie,
Des corps qu'il tourmentait il s'enfut consterné :
Le prince du mensonge est enfin détrôné.

   Il usurpa l'empire, et sans peine et sans gloire,
Lorsque l'homme, emporté par la fureur de croire,
Sans que l'art eût besoin d'éblouir sa raison,

Au plus vil imposteur se livrait sans soupçon.
Mais ces temps ne sont plus : la Grèce la première
A su du moins ouvrir la route à la lumière.
On la cherche : Platon, par ses fameux écrits,
Des honteuses erreurs inspire le mépris.
Pleines de ses leçons, des écoles célèbres,
De l'enfance du monde écartent les ténèbres.
Le grave philosophe est partout révéré ;
Souvent même à la cour il se voit honoré.
Son crédit peut nous perdre, et sa haine y conspire.
Mais en vain cette haine arme Celse et Porphyre ;
Que peuvent contre nous leurs traits injurieux ?
Il fallait nous porter des coups plus sérieux,
Approfondir des faits récents à la mémoire,
Et sur ses fondements renverser notre histoire.
Qui ne sait que railler évite un vrai combat.
On traite les chrétiens d'ennemis de l'Etat;
On impute le crime à ceux dont la doctrine
N'a pu que dans le ciel prendre son origine.
Ainsi que dans leurs mœurs, tout est pur dans leurs lois.
C'est par eux qu'on apprend à respecter les rois ;
Et que même aux Néron on doit l'obéissance.
« *De Dieu*, nous disent-ils, *descend toute puissance*,
» Le prince est son image, et, maître des humains,
» Tient du maître des cieux le glaive dans ses mains.
» Sujets, obéissez; le murmure est un crime. »
En vain contre un pouvoir cruel, mais légitime,
Des peuples révoltés s'arment de toutes parts ;
Les chrétiens sont toujours fidèles aux Césars.

Ont-ils donc par faiblesse une âme si soumise ?
Leur pouvoir éclatant redouble ma surprise.

La nature obéit et tremble devant eux.
Quel spectacle étonnant de miracles nombreux !
Que de tristes mourants qui fermaient leur paupière
Sont tout-à-coup rendus à la douce lumière !
Et du fond des tombeaux que de morts rappelés !
De deux camps ennemis par la soif désolés,
Quand d'un soleil brûlant la chaleur les embrase,
L'un périt, le ciel tonne, et la foudre l'écrase ;
Et, tandis que ses feux écartent le Germain,
Un torrent salutaire abreuve le Romain ;
Le soldat, demi-mort, dans une heureuse pluie
Trouve tout à la fois la victoire et la vie.
De ce bienfait le prince admire les auteurs,
Et le peuple obstiné les appelle *enchanteurs*.
Enchantement divin qui commande au tonnerre !
Le charme vient du ciel, quand il change la terre.

  Prodige inconcevable ! un instrument d'horreur,
La croix, est l'ornement du front d'un empereur.
Constantin triomphant fait triompher la gloire
Du signe lumineux qui promit sa victoire.
Cérès dans Éleusis voit ses initiés
Fouler robe, couronne et corbeille à leurs pieds.
Diane, tu n'es plus : soutiens de ta puissance,
Tes orfèvres d'Éphèse ont perdu l'espérance.
Les temples sont déserts, et le prêtre interdit,
Renversant l'encensoir de son dieu sans crédit,
Abandonne un autel toujours vide d'offrandes.
Delphes, jadis si prompt à répondre aux demandes,
D'un silence honteux subit les tristes lois.
Enfin, comme Apollon, tous les dieux sont sans voix.
Aux tombeaux des martyrs, fertiles en miracles,

Les peuples et les rois cherchent de vrais oracles.
On implore un mortel qu'on avait massacré,
Et l'on brise le dieu qu'on avait adoré.
    A ce torrent vainqueur Rome long-temps s'oppose,
Et de son Jupiter veut défendre la cause.
Mais contre elle il est temps de venger les chrétiens
Du sang de tes enfants, grand Dieu, tu te souviens;
Tant de cris qu'éleva sa fureur idolâtre
Ont assez retenti dans son amphithéâtre.
Tu vas lui demander compte de ses arrêts.
O Dieu des conquérants, tes vengeurs sont tout prêts;
Et Rome va tomber d'une chute éternelle,
Ainsi que Babylone et ta ville infidèle.
    Oui, c'est ce même Dieu qui sait à ses desseins
Ramener tous les pas des aveugles humains.
Sous d'orgueilleux vainqueurs quand les villes succom-
                                            [bent,]
Quand l'affreux contre-coup des empires qui tombent
Dans le monde ébraulé jette au loin la terreur,
Que sont tous ces héros qu'admire notre erreur,
Les ministres d'un Dieu qui punit les coupables,
Instruments de colère, et verges méprisables.
Que prétend Attila? Que demande Alaric?
Où s'emporte Odoacre? où vole Genseric?
Il sont, sans le savoir, armés pour la querelle
D'un maître qui du Nord tour à tour les appelle.
Devant leurs bataillons il fait marcher l'horreur :
Rome antique est livrée au barbare en fureur.
De sa cendre renait une ville plus belle,
Et tout sera soumis à la Rome nouvelle.
    Je la vois cette Rome où d'augustes vieillards,

Héritiers d'un apôtre, et vainqueurs des Césars,
Souverains sans armée, et conquérants sans guerre
A leur triple couronne ont asservi la terre.
Le fer n'est pas l'appui de leurs vastes états.
Leur trône n'est jamais entouré de soldats.
Terrible par ses clefs et son glaive invisible,
Tranquillement assis dans un palais paisible,
Par l'anneau d'un pêcheur autorisant ses lois,
Au rang de ses enfants un prêtre met nos rois.
Ils en ont le respect et l'humble caractère.
Qu'il ait toujours pour eux des entrailles de père !

    D'une religion si prompte en ses progrès
Si j'osais jusqu'à nous compter tous les succès,
Peindre les souverains humiliant leur tête,
Et la suivre partout de conquête en conquête,
Quel champ je m'ouvrirais ! quel récit glorieux !
Mais que pourrais apprendre à quiconque a des yeux !
L'arbre couvre la terre, et ses branches s'étendent
Partout où du soleil les rayons se répandent.
De l'aurore au couchant on adore aujourd'hui
Celui qui de sa croix attira tout à lui.
Dans le temps que ce Dieu parmi nous daigna vivre,
L'aurais-je mieux connu, quand j'aurais pu le suivre
Des rives du Jourdain au sommet du Thabor ?
Non, maintenant sa gloire éclate plus encor.

    Je vois à ses côtés Moïse avec Élie.
Tout prophète l'annonce, et la loi le publie.
Ses apôtres enfin sont sortis du sommeil.
Que de nouveaux témoins m'a produits leur réveil !
C'est en mourant pour lui qu'ils lui rendent hommage.
Ils sont tous égorgés : voilà leur témoignage.

Je le vois : c'est lui-même, et je n'en puis douter.
Mais c'est peu de le voir, il le faut écouter.
La voix de tout ce sang que l'amour fit répandre
Me répète la voix que le ciel fit entendre,
Quand le Thabor brilla de l'un de ses rayons.
Oui, *c'est ce fils si cher* : écoutons et croyons.
« Le joug qu'il nous impose est, dit-on, trop pénible.
» Ses dogmes sont obscurs ; sa morale est terrible ;
» Nos esprits et nos cœurs sont en captivité. »
D'une nouvelle ardeur justement transporté,
De ces plaintes je veux repousser l'injustice.
Il n'est pas temps encor que ma course finisse :
Poursuivons le déiste en ses détours divers.
Quel sujet fut plus grand et plus digne des vers !

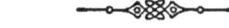

CHANT CINQUIÈME.

Le Verbe, égal à Dieu, splendeur de sa lumière,
Avant que les mortels, sortis de la poussière,
Aux rayons du soleil eussent ouvert les yeux,
Avant la terre, avant la naissance des cieux,
Éternelle puissance, et sagesse suprême,
Le Verbe était en Dieu, Fils de Dieu, Dieu lui-même.
 Fils de Dieu, cependant fils de l'homme à la fois,
Peut-il toujours égal... Je m'arrête, et je crois.
Faible et fière raison, dépouille ton audace.
Le vent souffle : qui peut en découvrir la trace ?
Étonnés de son bruit, nous sentons son pouvoir.
Notre oreille l'entend, notre œil ne peut le voir.

Quelque trouble ici-bas que mon âme ressente,
La Foi, fille du ciel, devant nous se présente.
Sur une ancre appuyée, elle a le front voilée;
Et m'éclairant du feu dont son cœur est brûlé :
« Viens, dit-elle, suis-moi. L'éclat que je fais luire,
» Quand tu baisses les yeux, suffit pour te conduire.
» Est-ce le temps de voir que le temps de la nuit?
» En attendant le jour, docile à qui t'instruit,
» Tu dois à chaque pas plus adorer qu'entendre,
» Plus croire que savoir, et plus aimer qu'apprendre. »

Faut-il, dit le déiste, enchaîner la raison,
N'est-elle pas du ciel le plus précieux don?
Et pouvons-nous penser qu'en nous l'Etre suprême
Veuille étouffer un feu qu'il alluma lui-même.

Il l'alluma sans doute, et cet heureux présent
Par son premier éclat guidait l'homme innocent.
Aujourd'hui presque éteinte, une flamme si belle
Ne prête qu'un jour sombre à l'âme criminelle :
Mais la foi le ranime avec un feu plus pur.
Et d'indignes mortels l'osent trouver obscur,
Quand par bonté pour eux un Dieu se manifeste !
Il leur en dit assez : qu'ils ignorent le reste.
Jusques au temps prescrit le grand livre est scellé.

Pour nous confondre, hélas! que n'a-t-il pas voilé?
Pourrons-nous pénétrer ses mystères sublimes,
Quand ses moindres secrets sont pour nous des abîmes.
La nature à nos yeux sans cesse vient s'offrir :
Le livre à tout moment semble prêt à s'ouvrir.
Que de siècles perdus, sans que rien nous attire
A rechercher du moins ce que l'homme y peut lire ?
Et lorsque nos besoins, le temps et le hasard

Nous contraignent enfin d'y jeter un regard,
Instruits de quelques faits, en savons-nous les causes?
Attentif au spectacle, en vain tu te proposes,
Philosophe orgueilleux, d'en suivre le dessein,
En vain tu veux chercher la nature en son sein;
Là tu trouves écrit : *Arrête, téméraire,*
Nul de vous n'entrera jusqu'à mon sanctuaire.
Oui, même en ces objets si présents à nos yeux,
Tout devient invisible à l'œil trop curieux :
Et celui qui captive une mer furieuse
Borne aussi des humains la vue ambitieuse.
Pour sonder la nature ils font de vains efforts :
Ils en verront les jeux, mais jamais les ressorts.
Partout elle nous crie : *Adorez votre maître :*
Contemplez, admirez, jouissez sans connaître.
D'une attentive étude embrassant le parti
Du sein de l'ignorance un mortel est parti.
A-t-il tout parcouru? Pour fruit de tant peine,
A l'ignorance encor son savoir le ramène.
Tu rougis, fier mortel; prête à me démentir,
Ta vanité murmure : il faut l'anéantir.
De tes fameux progrès cherchons quelle est la gloire,
Faisons de ton esprit l'humiliante histoire.

    L'intérêt nous donna nos premières leçons :
L'amour de nos troupeaux, le soin de nos moissons,
Nous firent d'un temps cher devenir économes,
Et la nécessité nous rendit astronomes.
Pouvions-nous mieux régler nos travaux et nos jours
Que sur ces corps brillants, si réglés dans leur cours?
Le peuple qui du Nil cultivait le rivage
Les observa long-temps sous un ciel sans nuage.

Pour mieux les contempler sous différents cantons,
Il les partage entre eux et leur cherche des noms.
Cassini, Galilée, excusez vos ancêtres :
Leurs yeux, accoutumés à des objets champêtres,
Ne virent dans le ciel que chiens, béliers, taureaux ;
Vous y saurez un jour porter des noms plus beaux :
Saturne et Jupiter vanteront leur cortége ;
Mais de l'antiquité quel est le privilége !
Les noms qu'auront forgés ces grossiers laboureur
Imprimeront en nous d'éternelles erreurs.
Oh ! trop heureux l'enfant qui naît sous la balance !
De son cruel voisin détestons la puissance.
Horace frémira, s'il sait que le hasard
En naissant l'a frappé de ce triste regard.
Sur la voûte des cieux notre histoire est écrite.
Dans ce livre fatal plus d'un Cardan médite :
Achetons leur faveur. Richelieu, Mazarin,
Vous-mêmes prodiguez vos bienfaits à Morin :
Ses yeux lisent un chiffre impénétrable aux vôtres :
Qu'il vous fasse trembler, faites trembler les autres.
D'une éternelle nuit le peuple menacé
Rappelle par ses cris le soleil éclipsé :
Mais quel corps menaçant vient troubler la nature
Par son étincelante et longue chevelure ?
Qu'un si grand appareil annonce de fureur !
Vil peuple, il ne doit point te causer de terreur,
D'un important courroux ces députés sinistres,
Si ce n'est pour des rois, partent pour des ministres.
Le ciel a du loisir, ou nous fait trop d'honneur :
Le seul cri d'un hibou peut nous flétrir le cœur.
De tes astres, ô ciel, n'éteins pas la lumière ;

Verrons-nous sans pâlir tomber notre salière?
Rassurez-nous, devins, charmes, enchantements,
Amulettes, anneaux, baguettes, talismans,
Et tant d'autres secours qu'embrasse une ignorance
Si folle dans sa crainte et dans son espérance.

De toutes nos erreurs quand le nombreux essaim,
Dans l'Égypte produit, s'échappa de son sein,
L'amour d'un doux climat l'emporta dans la Grèce.
Un peuple qu'endormaient dans une longue ivresse
La musique, les vers, les danses et les jeux,
D'Appelle, de Scopas, et d'Homère amoureux,
Consacrant aux beaux arts ses yeux et ses oreilles,
Du ciel et de la terre oublia les merveilles.
Leurs sages rarement en parurent frappés;
Et jamais les Romains n'en furent occupés.
Tout plein de son héros, au lieu de la nature,
Lucrèce leur chanta les rêves d'Epicure.
Ambitieux de vaincre, et non de discourir,
L'art des enfants de Mars fut l'art de conquérir.
L'étude a peu d'attraits pour les maîtres du monde:
Le soleil, disaient-ils, va se coucher dans l'onde;
La voûte dont le cercle a pour base la mer
Sous son dôme brillant couvre la terre et l'air :
Et le vieux océan, père de la nature,
Étend autour de nous son humide ceinture.
Tels étaient leurs progrès, lorsque du vrai savoir
La fureur des combats éteignit tout espoir.
Faible par sa grandeur, ce n'était qu'avec peine
Que sur la terre encor Rome étendait sa chaîne.
D'esclaves trop nombreux son empire accablé,
Malgré son double appui, se sentit ébranlé;

Et lorsque par les mains du conquérant hérule
Le trône des Césars tomba sous Augustule,
Sa chute fit trembler celui des Constantins.
Le fameux imposteur suivi des Sarrasins
Jeta les fondements d'un pouvoir formidable,
Que sous un autre nom rendit plus redoutable
Le peuple que l'Euxin vomit de ses marais,
Du jour que le second de ses fiers Mahomets,
La gloire du croissant et la terreur du monde,
Eut enfin foudroyé Bysance et Trébisonde.

Jour cruel! jour fatal! où sur tant de trésors,
Antiques monuments respectés jusqu'alors,
Par la destruction signalant sa puissance,
Le barbare étendit sa stupide vengeance!

Que nos plus beaux palais de cendres soient couverts;
Mais pourquoi tant d'écrits à nos regrets si chers
Sont-ils brûlés par toi, vainqueur impitoyable?
L'ignorance à tes vœux sans doute est favorable:
Que crains-tu? son empire est partout affermi,
Depuis que du bon sens un savoir ennemi,
Trouvant l'art d'obscurcir le maître des ténèbres
Forme dans ses écrits tous ces docteurs célèbres,
Qui, le dilemme en main, prétendent de l'*abstrait*
Catégoriquement diviser le concret.
Quand viendra ton vengeur, ô raison qu'on outrage!

De tant de mots pompeux le superbe étalage
Trouvait de tous côtés d'ardents admirateurs,
Et la nature entière était sans spectateurs!
L'intérêt cependant va nous rapprocher d'elle.
Un Génois nous apprend, (quelle étrange nouvelle!)
Qu'au-delà de ce monde il est un monde encor,

Monde dont l'habitant abandonne tout l'or.
Nous volons. Quel que soit l'objet qui nous anime,
Comment de tant de mers franchissons-nous l'abîme?
Si long-temps sur sa feuille attaché dans un coin,
Par quel effort l'insecte a-t-il rampé si loin?

Un aimant (le hasard dans l'air le fit suspendre)
En regardant le pôle, aux yeux qu'il dut surprendre
Révéla cet amour qu'on ne soupçonnait pas :
Amour heureux pour nous, et fatal aux Incas.
Nos flottantes forêts couvrent le sein de l'onde.
La boussole nous rend les citoyens du monde.
Des deux Indes pour nous elle ouvre tous les ports :
Et nous en rapportons par elle les trésors.
Tant d'objets différents, tant de fruits, tant de plantes
(Que de l'esprit humain les conquêtes sont lentes!)
Donnent enfin naissance aux désirs curieux;
Et la terre ramène à l'étude des cieux.

Faibles amas de sable, ouvrage de la cendre,
Deux verres (le hasard vient encor nous l'apprendre,)
L'un de l'autre distants, l'un à l'autre opposés,
Qu'aux deux bouts d'un tuyau des enfants ont placés,
Font crier en Zélande : O surprise ! ô merveille !
Et le Toscan fameux à ce bruit se réveille.
De Ptolomée alors, armé de meilleurs yeux,
Il brise les cristaux, les cercles et les cieux;
Tout change : par l'arrêt du hardi Galilée,
La terre loin du centre est enfin exilée.
Dans un brillant repos le soleil, à son tour,
Centre de l'univers, roi tranquille du jour,
Va voir tourner le ciel, et la terre elle-même.
En vain l'inquisiteur croit entendre un blasphême;

Et six ans de prison forcent au repentir
D'un système effrayant l'infortuné martyr :
La terre, nuit et jour à sa marche fidèle,
Emporte Galilée et son juge avec elle.
 D'un monde encor nouveau que d'habitants obscurs
Vous tirez du néant, illustres Réaumurs!
Pourquoi, sans spectateur, tout un peuple en silence
Veut-il nous dérober tant de magnificence?
Sans un verre nos yeux ne le connaîtraient pas.
Celui qui fit ces yeux pour veiller sur nos pas
Ne nous en donne point pour voir tous ses ouvrages;
Et lorsque nous voulons percer jusqu'aux nuages
Où s'enferme ce Dieu, de ses secrets jaloux,
Pour regarder si haut quels yeux espérons-nous?
Vers de terre, à la terre arrêtez votre vue.
A peine sa beauté, jusqu'alors inconnue,
A plus d'une merveille eut su nous attacher,
Que l'on vit en tous lieux du soin de les chercher
Naître l'heureux dégoût des questions si folles
Dont l'antique tyran des bruyantes écoles
Le héros de Stagyre, allumait la fureur.
Du vide la nature avait encore horreur.
Rassurons-nous pourtant. Le jour commence à naître :
Nous allons tous penser, Descartes va paraître.
 Il vit toujours caché; mais ses brillants travaux
Forment ses sectateurs ainsi que ses rivaux.
Ils tiennent tous de lui leurs armes et leur gloire,
Et même ses vainqueurs lui doivent leur victoire.
Nous pouvons aujourd'hui porter plus loin nos pas.
Nous courons; mais sans lui nous ne marcherions pas.
Si la France n'eût point produit cette lumière,

Londres de son Newton ne serait pas si fière.
　Par eux l'esprit humain, qu'ils honorent tous deux,
Instruit de sa grandeur, la reconnaît en eux.
Mais sitôt que trop loin l'un ou l'autre s'avance,
L'esprit humain par eux apprend son impuissance.
Descartes le premier me conduit au conseil
Où du monde naissant Dieu règle l'appareil ;
Là, d'un cubique amas, berceau de la nature,
Sortent trois éléments de diverse figure ;
Là, ces angles qu'entre eux brisent leur frottement,
Quand Dieu, qui dans le plein met tout en mouvement,
Pour la première fois fait tourner la matière,
Se changent en subtile et brillante poussière.
Newton ne la voit pas ; mais il voit, ou croit voir,
Dans un vide étendu tous les corps se mouvoir.
Exerçant l'un sur l'autre un mutuel empire,
Par les mêmes liens l'un et l'autre s'attire,
Tandis qu'au même instant, et par les mêmes lois,
Vers un centre commun tous pèsent à la fois.
Qui peut, entre ces corps de grandeur inégale,
Décrire les combats de la force centrale ?
L'algèbre avec honneur débrouillant ce chaos
De ses hardis calculs hérisse son héros.
　Vous que de l'univers l'architecte suprême
Eût pu charger du soin de l'éclairer lui-même,
Des travaux qu'avec vous je ne puis partager
Si j'ose vous distraire, et vous interroger.
Dites-moi quel attrait à la terre rappelle
Ce corps que dans les airs je lance si loin d'elle ?
La pesanteur... Déjà ce mot vous trouble tous.
Expliquez-moi du moins ce qui se passe en vous.

Au sortir d'un repas, dans votre sein paisible
Quel ordre renouvelle un combat invisible?
Et quel heureux vainqueur a pu si promptement
Chercher, saisir, dompter, broyer cet aliment
Qui bientôt, liqueur douce, ira de veine en veine
Se confondre en son cours dans le sang qui l'entraîne?
Dans un autre combat, non moins cher à nos vœux,
Comment peut une écorce, espoir d'un malheureux,
Attaquer, conquérir, enchaîner l'ennemie
Qui, tantôt en fureur, et tantôt endormie,
A fait trêve avec nous le jour de son sommeil?
Mais au jour de colère, exacte à son réveil,
Elle rallume un feu qui dans nos yeux pétille.
Tous nos esprits subtils, vagabonde famille,
S'égarent dans leur course; en désordre comme eux,
L'âme même s'oublie, et, dans ce trouble affreux,
La mort, prête à frapper, déjà lève sa foudre.
Que d'alarmes, quels maux apaise un peu de poudre!

De systèmes savants épargnez-vous les frais,
Et ces brillants discours qui n'éclairent jamais.
Avouez-nous plutôt votre ignorance extrême.
Hélas! tout est mystère en vous-même, à vous-même.
Et nous voulons encor qu'à d'indignes sujets
Le souverain du monde explique ses projets,
Quand ce corps, de notre âme esclave méprisable,
Lui cache ses secrets d'un voile impénétrable!
De la religion si j'éteins le flambeau,
Je me creuse à moi-même un abîme nouveau.
Déiste, que pour toi la nuit devient obscure!
Et de quel voile encor tu couvres la nature!
A tes yeux comme aux miens peut-elle rappeler

Celui qui pour un temps ne veut que m'exiler ?
Si la terre n'est point un séjour de vengeance ,
Peux-tu dans cet ouvrage admirer sa puissance ?
La peste la ravage, et d'affreux tremblements
Précèdent la fureur de ses embrasements.
Le froid la fait languir, la chaleur la dévore,
Et pour comble de maux son roi la déshonore.
L'être pensant qui doit tout ordonner, tout voir,
Dans ses tristes Etats, aveugle et sans pouvoir,
Jouet infortuné de passions cruelles,
Est un roi qui commande à des sujets rebelles,
Et le jour de sa paix est le jour de sa mort.
Son Etat, tu le sais, attend le même sort ;
Tout périra, le feu réduira tout en cendre;
Tu le sais dès long-temps; mais sauras-tu m'apprendre
Par quel caprice un Dieu détruit ce qu'il a fait ?
Que n'avait-il du moins rendu le tout parfait ?
S'il ne l'a pu, ce Dieu, qu'a-t-il donc d'admirable ?
S'il ne l'a pas voulu, te semble-t-il aimable ?
Tu t'efforces en vain, toi qui prétends tout voir,
D'arracher le rideau qui fait ton désespoir.
Pour moi j'attends qu'un jour Dieu lui-même l'enlève.
Il suffit qu'un instant la foi me le soulève ;
J'en vois assez, et vais t'apprendre sa leçon,
Qui console à la fois le cœur et la raison.

 Oui, le tout doit répondre à la gloire du maître ;
L'univers est son temple, et l'homme en est le prêtre :
Le temple inanimé sans le prêtre est muet.
Cet immense univers de la main qui l'a fait
Doit, par la voix de l'homme, adorer la puissance,
Et rendre le tribut de sa reconnaissance.

Ce tribut dura peu : l'ordre fut renversé,
Quand par le prêtre ingrat le Dieu fut offensé.
La nature perdit toute son harmonie ;
Avec le criminel la terre fut punie.
De l'homme et de ses fils le déplorable sort
Fut la pente au péché, l'ignorance et la mort.
Mais ses fils n'étaient plus ; une race future...
Lorsque le Créateur frappe sa créature,
Est-ce à notre justice à mesurer les coups?
Et ce qu'un Dieu se doit, mortels, le savez-vous?
  La terre ne fut plus un jardin de délices.
Ministre cependant de nos derniers supplices,
Et maintenant si prompte à les exécuter,
La mort, sous un ciel pur, semblait nous respecter.
Hélas! cette lenteur à prendre ses victimes
Ne fit que redoubler notre ardeur pour les crimes.
Une seconde fois frappant notre séjour,
Le ciel défigura l'objet de notre amour.
La terre, par ce coup, jusqu'au centre ébranlée,
Hideuse en mille endroits, et partout désolée,
Vit sur son sein flétri les cavernes s'ouvrir,
Les pierres, les rochers, les sables la couvrir,
Et s'élever sur elle en ténébreux nuages,
De funestes vapeurs, mères de tant d'orages.
Les saisons en désordre et les vents en courroux
Fournissent à la mort des armes contre nous ;
Et toute la nature, en ce temps de souffrance,
Captive, gémissante, attend sa délivrance,
Au criminel soumise, obéit à regret,
Se cache à nos regards, et soupire en secret.
  Oui, tout nous est voilé, jusqu'au moment terrible,

Moment inévitable, où Dieu, rendu visible,
Précipitant du ciel tous les astres éteints,
Remplacera le jour, et sera pour ses saints
Cette unique clarté si long-temps attendue.
Pour eux-mêmes sévère, ici-bas à leur vue
Il se montre, il se cache, et par l'obscurité
Conduit ceux qu'autrefois perdit la vanité.
De quoi se plaindre? Il peut nous ravir sa lumière,
Par grâce il ne veut pas la couvrir tout entière.
Qui la cherche est bientôt pénétré de ses trats;
Qui ne la cherche pas ne la trouve jamais.
Ainsi de nos malheurs j'explique le mystère.
Dans un maître irrité j'admire un tendre père;
Et je ne vois partout que rigueurs et bontés,
Châtiments et bienfaits, ténèbres et clartés.

Si ma religion n'est qu'erreur et que fable,
Elle me tend, hélas! un piége inévitable.
Quel ordre! quel éclat! et quel enchaînement!
L'unité du dessein fait mon étonnement.
Combien d'obscurités tout-à-coup éclaircies!
Historiens, martyrs, figures, prophéties,
Dogmes, raisonnements, écrits, tradition,
Tout s'accorde, se suit; et la séduction
A la vérité même en tout point est semblable.
Déistes, dites-nous quel génie admirable
Nous sait de toutes parts si bien envelopper.
Que vous devez rougir vous-mêmes d'échapper?
Quand votre Dieu pour vous n'aurait qu'indifférence,
Pourrait-il, oubliant sa gloire qu'on offense,
Permettre à cette erreur, qu'il semble autoriser,
D'abuser de son nom pour nous tyranniser?

Par quel crédit encor, si loin de sa naissance,
Ce mensonge en tous lieux a-t-il tant de puissance?
De l'Islande à Java, du Mexique au Japon,
Du hideux Hottentot jusqu'au transi Lapon,
Nos prêtres de leur zèle ont allumé les flammes;
Ils ont couru partout pour conquérir des âmes;
Des esclaves partout ont chéri leurs vainqueurs.
Que leur fable est heureuse à soumettre les cœurs.

Si, des rives du Gange aux rives de la Seine,
Entraînés par l'ardeur qui vers eux nous entraîne,
D'éloquents talapoins, munis d'un long sermon,
Accouraient nous prêcher leur Sommonokodon,
Ou que, prédicateurs au bon sens moins contraires,
L'Alcoran dans leurs mains, des derviches austères,
De par le grand prophète, en termes foudroyants,
Vinssent nous proposer d'être de vrais croyants,
Quelle moisson de cœurs feraient de tels apôtres!
Leurs peuples cependant ont tous reçu les nôtres.
Un Dieu né dans le sein de la virginité,
Un Dieu pauvre, souffrant, mort et ressuscité,
Ne commande par eux que pleurs et pénitence.
Est-ce de leurs discours la brillante éloquence
Qui peut à sa pagode arracher un Chinois?
Quel champ pour l'orateur que la crèche et la croix!

Celui qui l'a prédit opère ce miracle.
Tout peuple, toute terre entendra son oracle.
Sa loi sainte sera publiée en tous lieux;
Je me soumets sans peine à ce joug glorieux.
Quoique captive enfin, la raison qui m'éclaire
N'y voit point de lumière à la sienne contraire.
Mais son flambeau s'unit au flambeau de la foi,

Et toutes deux ne sont qu'une clarté pour moi.
Le Verbe s'est fait chair ; je l'adore et m'écrie :
Trois fois saint est le Dieu qui m'a donné la vie !

De l'horreur du néant à ton ordre tout sort ;
En toi seul est la vie, et sans toi tout est mort.
O sagesse, ô pouvoir dont le monde est l'ouvrage,
Du Très-Haut, ton égal, la parole est l'image !
Quand sous nos traits caché tu parus ici-bas,
Les ténèbres, grand Dieu ! ne te comprirent pas.
Aujourd'hui que ta gloire éclate à notre vue,
Que ta religion est partout répandue,
De superbes esprits, ivres d'un faux-savoir,
Quand tu brilles sur eux, refusent de te voir.
Leur déplorable sort ne doit point nous surprendre,
Les ténèbres jamais ne pourront te comprendre.
L'aveugle, environné de l'astre qui nous luit,
Couvert de ses rayons, est toujours dans la nuit.
En vain ces insensés parlent d'un premier être ;
Sans toi, Verbe éternel, peuvent-ils le connaître ?
Ouvre leurs cœurs, mes vers ne les pourront ouvrir.
Change-les. Mais, pour eux quand je veux t'attendrir,
Moi-même ai-je oublié que ton arrêt condamne
Le pécheur insolent dont la bouche profane
Aux hommes, sans ton ordre, ose annoncer ta loi ?
Et dois-je t'implorer pour d'autres que pour moi ?
L'impiété s'armait d'une fureur nouvelle ;
L'arche sainte en péril m'a fait trembler pour elle ;
Et j'ai cru que ma main la pourrait soutenir :
Oui, j'ai couru. Tu vas peut-être m'en punir.
Et mon zèle peut-être irrite ta colère,
Quand je crains pour ta gloire et celle de ton père.

O crainte que la foi doit chasser de mon cœur,
Tu n'as point parmi nous besoin d'un défenseur !
Du prince des enfers que la rage frémisse,
Qu'il ébranle, s'il peut, ton auguste édifice.
Quand mes yeux le verraient tout prêt à succomber,
L'arche du Dieu vivant ne peut jamais tomber.

CHANT SIXIÈME.

Non, des mystères saints l'auguste obscurité
Ne me fait point rougir de ma docilité.
Je ne dispute point contre un maître suprême.
Qui m'instruira de Dieu, si ce n'est Dieu lui-même ?
Dans un sombre nuage il veut s'envelopper ;
Mais il est un rayon qu'il en laisse échapper.
Que me faut-il de plus ? Je marche avec courage,
Et, content du rayon, j'adore le nuage.
Il a dit, et je crois. Aux pieds de son auteur
Ma raison peut sans honte abaisser sa hauteur.

Mais pourquoi, non content de ce grand sacrifice,
Ce Dieu veut-il encor que l'homme se haïsse ?
Je m'aime : faut-il donc que, m'armant de rigueur,
Toujours le glaive en main, j'aille au fond de mon cœur
(Sacrifice sanglant ! guerre longue et cruelle !)
Couper de cet amour la racine éternelle ?
Il veut, jaloux d'un bien qu'il n'a fait que pour lui
De nos cœurs isolés être le seul appui.
Suis-je un objet si grand pour tant de jalousie ?

De l'or ni des honneurs l'indigne frénésie
Ne lui ravira point ce cœur qu'il doit avoir.
Faut-il à si bas prix sortir de son devoir?
Mais, pour quelque douceur rapidement goûtée,
Qui console en sa soif une âme tourmentée,
Croirons-nous qu'en effet il s'irrite si fort?
Et pour un peu de miel condamne-t-il à mort?
Je sais qu'il nous demande un amour sans partage;
Mais enfin la nature est aussi son ouvrage;
Et lorsqu'à tant de maux tu mêles quelques biens,
O nature, tes dons ne sont-ils pas les siens?
Ce n'est pas qu'attendant de toi les biens solides,
Chez tes amis fameux je choisisse mes guides.
L'arbitre renommé du plaisir élégant
M'étalerait en vain tout son luxe savant;
L'art de se rendre heureux ne s'apprend point d'un maître;
Habile seulement à ne se point connaître,
Qui, mettant de sang-froid la prudence à l'écart,
Veut vivre à l'aventure et mourir au hasard.
Ce rimeur enjoué m'inspire la tristesse.
Et que m'importe à moi sa goutte et sa vieillesse?
L'ennui de ses malheurs dicta ses vers badins;
Il m'y dépeint sa joie, et j'y lis ses chagrins;
Il me chante l'amour d'une voix affligée;
Et, suivant mollement sa muse négligée,
Du mépris de la mort me parle à chaque pas;
Il m'en parlerait moins s'il ne la craignait pas.
Illustres paresseux dont Pétrone est le maître,
O vous, mortels contents, puisque vous croyez l'être,
Vous me chantez en vain vos jours délicieux;
Ne me comptez jamais parmi vos envieux.

Hélas! dans ce temps même à vos cœurs favorable,
Règne affreux de Vénus, quand l'homme déplorable
Consacra ses plaisirs sous des noms empruntés,
Et de ses passions fit ses divinités,
Le sage dut toujours, honteux de sa faiblesse,
Encenser à regret les dieux de la mollesse.
Leurs charmes quelquefois peuvent nous entraîner.
Malheureux sous leur joug qui se laisse enchaîner!
Mais contre un ennemi qui souvent est aimable,
Faut-il faire à toute heure une guerre implacable?
Un seul moment de paix me rend-il criminel?
Et le Dieu des chrétiens n'est-il pas trop cruel,
Quand il veut que, pour lui renonçant à moi-même,
Pour lui mettant ma joie à fuir tout ce que j'aime,
J'étouffe la nature, et, maître infortuné,
Je gourmande en tyran ce corps qu'il m'a donné;
Dans sa morale enfin trouverai-je des charmes,
Quand il appelle heureux ceux qui versent des larmes?

 Ainsi parle un mortel qui combat à regret
Une religion qu'il admire en secret.
Frappé de sa grandeur, il la croit, il l'adore;
Troublé par sa morale, il veut douter encore.
Il repousse le Dieu dont il craint la rigueur.
Achevons le triomphe en parlant à son cœur;
Et, cherchant un accès dans ce cœur indocile,
Chassons l'impiété de son dernier asile.

 A la religion si j'ose résister,
C'est la raison du moins que je dois écouter.
A la divine loi quand je crains de souscrire,
Celle de la nature a sur moi tout l'empire.
Je veux choisir mon joug, et qu'entre ces deux lois

Mon intérêt soit juge et décide mon choix.
Sans doute qu'indulgente à nos âmes fragiles,
La raison ne prescrit que des vertus faciles ;
N'allons point toutefois les chercher dans Platon,
Et laissons déclamer Sénèque et Cicéron.
Ces fastueux censeurs de l'humaine faiblesse,
Inspirés par l'orgueil plus que par la sagesse,
Peut-être en leurs écrits, remplis d'austérité,
Ont suivi la raison moins que leur vanité.
Faisons parler ici des docteurs moins rigides ;
Que les poètes seuls soient nos aimables guides.
De leurs vers enchanteurs, où tout doit nous charmer,
La morale n'a rien qui nous doive alarmer.
Cherchons-y ces devoirs qui, tous tant que nous sommes,
Nous attachent au ciel, à nous, à tous les hommes.

« De Jupiter partout l'homme est environné.
» Rendons tout à celui qui nous a tout donné.
» Jetons-nous dans le sein de sa bonté suprême.
» Je suis cher à mon Dieu beaucoup plus qu'à moi-même.
» Notre encens pourrait-il, par sa stérile odeur,
» D'un être souverain contenter la grandeur ?
» D'un méchant qui le prie il rejette l'offrande ;
» Un cœur juste, un cœur saint, voilà ce qu'il demande.
» A l'un de ses côtés la justice, debout,
» Jette sur nous sans cesse un coup-d'œil qui voit tout,
» Et, le glaive à la main demandant ses victimes,
» Présente devant lui la liste de nos crimes.
» Mais de l'autre côté la clémence, à genoux,
» Lui présentant nos pleurs, désarme son courroux.
» Quand pour moi si souvent j'implore la clémence,
» N'en aurai-je jamais pour celui qui m'offense ?

» Je plains le malheureux qui prétend m'outrager,
» Et j'abandonne au ciel le soin de me venger.
» Si je n'ose haïr l'ennemi qui m'afflige,
» Que ne dois-je donc pas à l'ami qui m'oblige ?
» Je donne à ses défauts des noms officieux ;
» Mon cœur pour l'excuser me rend ingénieux.
» Il m'excuse à son tour, et de mon indulgence
» Celle qu'il a pour moi devient la récompense.
» Ma charité s'étend sur tous ceux que je voi.
» Je suis homme, tout homme est un ami pour moi.
    » Le pauvre et l'étranger, le ciel me les envoie,
» Et mes mains avec eux partagent avec joie
» Des biens qui pour moi seul n'étaient pas destinés ;
» Les solides trésors sont ceux qu'on a donnés.
» D'une âme généreuse ô volupté suprême !
» Un mortel bienfaisant approche de Dieu même.
» L'amour de ses pareils sera toujours en lui.
» Des humaines vertus l'inébranlable appui,
» Voudrait-il, alarmant ma tendresse jalouse,
» Me faire soupçonner la foi de mon épouse ?
» O crime qui des lois crains partout la rigueur,
» A tes premiers attraits il a fermé son cœur.
» Qui nourrit en secret un désir téméraire,
» Même dans un corps pur porte une âme adultère.
» La pudeur est le don le plus rare des cieux.
» Fleur brillante, l'amour des hommes et des dieux,
» Le plus riche ornement de la plus riche plaine,
» Tendre fleur que flétrit une indiscrète haleine,
» L'amour, le tendre amour, flatte en vain mes désirs,
» L'hymen, le seul hymen en permet les plaisirs.
    » Des passions sur moi je réprime l'empire.

» Le monde à mes regards n'offre rien que j'admire.
» Libre d'ambition, de soins débarrassé,
» Je me plais dans le rang où le ciel m'a placé ;
» Et, pauvre sans regret, ou riche sans attache,
» L'avarice jamais au sommeil ne m'arrache.
» Je ne vais point, des grands esclaves fastueux,
» Les fatiguer de moi, ni me fatiguer d'eux.
» Faux honneurs ! vains travaux ! vrais enfants que vous
[êtes !]
» Que de vide, ô mortels, dans tout ce que vous faites !
» Dégoûté justement de tout ce que je vois,
» Je me hâte de vivre, et de vivre avec moi.
» Je demande et saisis avec un cœur avide
» Ces moments que m'éclaire un soleil si rapide ;
» Dons à peine obtenus qu'ils nous sont emportés,
» Moments que nous perdons, et qui nous sont comtés !
» L'estime des mortels flatte peu mon envie.
» J'évite leurs regards et leur cache ma vie.
» Que mes jours pleins de calme et de sérénité,
» Coulent dans le silence et dans l'obscurité,
» Ce jour même des miens est le dernier peut-être ;
» Trop connu de la terre, on meurt sans se connaître.
» Je l'attends cette mort sans crainte ni désir ;
» Je ne puis l'avancer je ne puis la choisir.
» L'exemple des Catons est trop facile à suivre.
» Lâche qui veut mourir, courageux qui peut vivre.
» Demeurons dans le poste où le ciel nous a mis.
» Et s'il nous en rappelle, à ses ordres soumis.
» Partons. Heureux alors qui, tournant en arrière
» Un regard sur les pas de toute sa carrière,
» Sur tant de jours passés, qu'il se rend tous présents,

» Quelque nombreux qu'ils soient, les voit tous innocents!
» Quel doux contentement goûte une âme ravie!
» Ah! c'est jouir deux fois du plaisir de la vie. »
Voilà donc cette loi si pleine de douceurs,
Cette route où j'ai cru marcher parmi les fleurs!
Quoi! je trouve partout la morale cruelle!
Catulle m'y ramène, Horace m'y rappelle.
Tibulle m'en réveille un triste souvenir,
Lorsque de sa Délie il croit m'entretenir.
La règle de mes mœurs, cette loi si rigide,
Est écrite partout, et même dans Ovide.
Oui, c'est dans ces écrits, dont j'étais amoureux,
Que la raison m'impose un joug si rigoureux.
Que m'ordonne de plus, à quel joug plus pénible
Me condamne le Dieu qu'on m'a peint si terrible?
Mon choix n'est plus douteux, je ne balance pas.

Eh quoi! de la vertu respectant les appas,
L'amour de mon bonheur me pressait de la suivre.
Doux, chaste, bienfaisant, pour moi seul j'allais vivre.
O grand Dieu! sans changer, j'obéis à ta loi :
Doux, chaste, bienfaisant, je vais vivre pour toi.
Loin d'y perdre, Seigneur, j'y gagne l'assurance
De tant de biens promis à mon obéissance.
Que dis-je! La vertu qui m'avait enchanté,
Sans toi que m'eût servi de chérir sa beauté?
De ses attraits, hélas! admirateur stérile,
J'aurais poussé vers elle un soupir inutile.

Qu'était l'homme, en effet, qu'erreur, illusion,
Avant le jour heureux de la religion?
Les sages, dans leurs mœurs, démentaient leur maximes.
Quand Lycurgue s'oppose au torrent de nos crimes.

Législateur impur, il en grossit le cours.
Ovide est quelquefois un Sénèque en discours ;
Sénèque dans ses mœurs est souvent un Ovide.
A l'amour, qui ne prend que sa fureur pour guide,
Des mains de Solon même un temple fut construit.
De tes lois, ô Solon! quel sera donc le fruit ?
Et quel voluptueux rougira de ses vices,
Quand ses réformateurs deviennent ses complices ?
Toute lumière alors n'était qu'obscurité,
Et souvent la vertu n'était que vanité.
Je déteste ces jeux d'où Caton se retire,
En méprisant Caton qui veut que je l'admire.

De l'humaine vertu reconnaissant l'écueil,
Quand l'homme n'est qu'à lui, tout l'homme est à l'orgueil.
Il n'aime que lui seul ; dans ce désordre extrême
Il faut, pour le guérir, l'arracher à lui-même.
Mais qui pourra porter ce grand coup dans son cœur ?
De la religion le charme est son vainqueur.
Elle seule a détruit le plus grand des obstacles :
Reconnaissons aussi le plus grand des miracles.

Le cœur n'est jamais vide. Un amour effacé
Par un nouvel amour est toujours remplacé :
Et tout objet qu'efface un objet plus aimable,
Sitôt qu'il est chassé, nous paraît haïssable.
L'homme s'aimait ; Dieu vient, il nous dit : *Aimez-moi,*
Aimez-vous : l'amour seul comprend toute ma loi.
Nouveau commandement. Le maître qui le donne
Allume dans les cœurs cet amour qu'il ordonne.
L'homme se sent brûler d'une ardeur qui lui plaît.
Plein du Dieu qui l'enchante, aussitôt il se hait.
Tout en lui jusqu'alors lui parut admirable :

Tout en lui maintenant lui paraît méprisable.
Il s'abaisse ; du sein de son humilité
Sort un homme nouveau qu'a fait la charité,
Et ce n'est plus pour lui, mais pour son Dieu qu'il s'aime.
Il se réconcilie alors avec lui-même.

 Sitôt que par l'amour l'ordre fut rétabli,
Des plus grandes vertus l'univers fut rempli.
Et qu'est-ce que l'amour trouverait de pénible ?
Les supplices, la mort, n'ont rien qui soit terrible :
D'innombrables martyrs se hâtent d'y courir.
Dieu ne veut plus de sang : amoureux de souffrir,
Les saints s'arment contre eux de rigueurs salutaires :
Les déserts sont peuplés d'exilés volontaires,
Qui, toujours innocents, se punissent toujours.
A la virginité l'on consacre ses jours,
Le corps n'a plus d'empire, et l'âme toute pure
Impose pour jamais silence à la nature.
Deux cœurs tendres qu'unit la main qui les a faits
Goûtent dans leurs plaisirs une innocente paix,
Et leur chaîne est pour eux aussi sainte que chère.
Le pauvre et l'orphelin dans le riche ont un père.
Au plus juste courroux qui peut s'abandonner,
Quand le prince lui-même apprend à pardonner ?
Théodose est en pleurs, Ambroise en est la cause :
J'admire également Ambroise et Théodose.

 A ces traits éclatants reconnaissons les fruits
Que, fertiles en héros, l'amour seul a produits.
Un culte sans amour n'est qu'un stérile hommage :
L'honneur qu'on doit à Dieu n'admet point de partage.
Ses temples sont nos cœurs. Quel terme, direz-vous,
Doit avoir cet amour qu'il exige de nous?

Si vous le demandez, vous n'aimez point encore :
Tout rempli de l'objet dont l'ardeur le dévore,
Quel autre objet un cœur pourrait-il recevoir?
Le terme de l'amour est de n'en point avoir.
Ne forgeons point ici de chimère mystique :
Comment faut-il aimer? la nature l'explique.
De toute autre leçon méprisant la langueur,
Écoutons seulement le langage du cœur.
« La grandeur, ô mon Dieu! n'est pas ce qui m'enchante,
» Et jamais des trésors la soif ne me tourmente.
» Ma seule ambition est d'être tout à toi,
» Mon plaisir, ma grandeur, ma richesse est ta loi;
» Je ne soupire point après la renommée.
» Qu'inconnue aux mortels, en toi seul renfermée,
» Ma gloire n'ait jamais que tes yeux pour témoins.
» C'est en toi que je trouve un repos dans mes soins.
» Tu me tiens lieu du jour dans cette nuit profonde.
» Au milieu du désert tu me rends tout le monde,
» Les hommes vainement m'offriraient tous leurs biens,
» Les hommes ne pourraient me séparer des tiens.
» Ceux qui ne t'aiment pas, ta loi leur fait entendre
» Qu'aux malheurs les plus grands ils doivent tous s'atten-
» O menace, mon Dieu, qui ne peut m'alarmer! [dre.
» Le plus grand des malheurs est de ne point t'aimer.
» Que ta croix dans mes mains soit à ma dernière heure,
» Et que, les yeux sur toi, je t'embrasse et je meure! »
C'est dans ces vifs transports que s'exprime l'amour.

Hélas! ce feu divin s'éteint de jour en jour :
A peine il jette encor de languissantes flammes.
L'amour meurt dans les cœurs, et la foi dans les âmes.
Qu'êtes-vous devenus, beaux siècles, jours naissants,

Temps heureux de l'église, ô jours si florissants?
Et vous, premiers chrétiens, ô mortels admirables,
Sommes-nous aujourd'hui vos enfants véritables?
Vous n'aviez qu'un trésor et qu'un cœur entre vous,
Et sous la même loi nous nous haïssons tous.
Haine affreuse, ou plutôt impitoyable rage,
Quand, par elle aveuglés, nous croyons rendre hommage
Au Dieu qui ne prescrit qu'amour et que pardon.
Dieu de paix, que de sang a coulé sous ton nom!
N'ont-ils jamais marché que sous ton oriflamme.
Imprimaient-ils aussi ton image en leur âme,
Tous ces héros croisés qui d'infidèles mains
Ne voulaient, disaient-ils, qu'arracher les lieux saints?
Leurs crimes ont souvent fait gémir l'infidèle.
En condamnant leurs mœurs, vantons du moins leur zèle;
Mais détestons toujours celui qui parmi nous
De tant d'affreux combats alluma le courroux.
Quels barbares docteurs avaient pu nous apprendre
Qu'en soutenant un dogme, il faut, pour le défendre,
Armé du fer, saisi d'un saint emportement,
Dans un cœur obstiné plonger son argument?
A la fin de mes chants je me hâte d'atteindre;
Et si je ne sentais ma voix prête à s'éteindre,
Vous me verriez peut-être attaquer vos erreurs,
Vous qui, de l'hérésie épousant les fureurs,
Enfants du même Dieu, nés de la même mère,
Suivez un étendard au nôtre si contraire.
Unis tous autrefois, maintenant écartés,
Qui l'a voulu? C'est vous qui nous avez quittés.
Vos pères ont été les frères de nos pères,
Vous le savez : pourquoi n'êtes-vous plus nos frères?

Avez-vous pour toujours rompu des nœuds si chers?
Accourez, accourez; nos bras vous sont ouverts.
De coupables aïeux déplorables victimes,
Ils vous ont égarés ; vos erreurs sont leurs crimes.
Revenez au drapeau qu'ils ont abandonné :
Par le père commun tout sera pardonné.
Songez, songez que même à nos aînés perfides,
Aux reste odieux de ses fils parricides.
Ce Dieu tant outragé doit pardonner un jour;
Contre toute espérance, espérons leur retour.
Oui, le nom de Jacob réveillant sa tendresse,
Il se rappellera son antique promesse.
Il n'a point épuisé pour eux tout son trésor
L'arbre long-temps séché doit refleurir encor.
Ils sont prédits les jours où par des pleurs sincères
L'enfant effacera l'opprobre de ses pères.
Tremblons à notre tour : ils sont aussi prédits
Les jours où l'on verra tous nos cœurs refroidis :
Ce temps fatal approche. O liens salutaires !
Vous captivez encor quelques âmes vulgaires;
Mais un sublime esprit vous brave hautement
Et se vante aujourd'hui de penser librement.
Il doute, il en fait gloire, et sans inquiétude,
Garde jusqu'au tombeau sa noble incertitude.
Tout était adoré dans le siècle païen :
Par un excès contraire on n'adore plus rien.
Il faut qu'en tous ses points l'oracle s'accomplisse,
Il faut que par degrés la foi tombe et périsse,
Jusqu'au terrible jour tant de fois annoncé,
Ce jour dont l'univers fut toujours menacé :
Jour de miséricorde, ainsi que de vengeance.

Déjà je crois le voir, j'en frémis par avance.
Déjà j'entends des mers mugir les flots troublés ;
Déjà je vois pâlir les astres ébranlés.
Le feu vengeur s'allume, et le son des trompettes
Va réveiller les morts dans leurs sombres retraites.
Ce jour est le dernier des jours de l'univers.
Dieu cite devant lui tous les peuples divers,
Et pour en séparer les saints, son héritage,
De sa religion vient consommer l'ouvrage.
La terre, le soleil, le temps, tout va périr,
Et de l'éternité les portes vont s'ouvrir.
Elles s'ouvrent : le Dieu si long-temps invisible
S'avance, précédé de sa gloire terrible ;
Entouré du tonnerre, au milieu des éclairs,
Son trône étincelant s'élève dans les airs ;
Le grand rideau se tire, et ce Dieu vient en maître.
Malheureux qui pour lors commence à le connaître !
Ses anges ont partout fait entendre leur voix.
Et sortant de la poudre une seconde fois,
Le genre humain tremblant, sans appui, sans refuge,
Ne voit plus de grandeur que celle de son juge.
Ébloui des rayons dont il se sent percer,
L'impie avec horreur voudrait les repousser.
Ils n'est plus temps. Il voit la gloire qui l'opprime,
Et tombe enseveli dans l'éternel abîme,
Lieu de larmes, de cris et de rugissements.
Dans ce séjour affreux quels seront vos tourments.
Infidèles chrétiens, cœurs durs, âmes ingrates,
Quand, malgré leurs vertus, les Titus, les Socrates
(Hélas ! jemais du Ciel ils n'ont connu les dons)
Y sont précipités ainsi que les Catons ;

Lorsque le bronze étale en vain sa pénitence ;
Quand le pâle bramine, après tant d'abstinence,
Apprend que, contre soi bizarrement cruel,
Il ne fit qu'avancer son supplice éternel ?
De sa chute surpris, le musulman regrette
  Le paradis charmant promis par son prophète,
Et, loin des voluptés qu'attendait son erreur,
Ne trouve devant lui que la rage et l'horreur.
Le vrai chrétien, lui seul, ne voit rien qui l'étonne,
Et sur ce tribunal que la foudre environne
Il voit le même Dieu qu'il a cru sans le voir,
L'objet de son amour, la fin de son espoir.
Mais il n'a plus besoin de foi ni d'espérance :
Un éternel amour en est la récompense.
  SAINTE RELIGION, qu'à ta grandeur offerts
Jusqu'à ce dernier jour puissent durer mes vers !
D'une muse toujours compagne de ta gloire
Autant que tu vivras fais vivre la mémoire.
  La mienne... Qu'ai-je dit ? où vais-je m'égarer ?
Dans un cœur tout à toi l'orgueil veut-il entrer ?
Sois de tous mes désirs la règle et l'interprète,
Et que ta seule gloire occupe ton poète.

FIN DU POÉME DE LA RELIGION.

J.-B. ROUSSEAU.

ODE

SUR LES ŒUVRES DE DIEU.

Les cieux instruisent la terre
A révérer leur auteur :
Tout ce que leur globe enserre
Célèbre un Dieu créateur.
Quel plus sublime cantique
Que ce concert magnifique
De tous les célestes corps ?
Quelle grandeur infinie !

Quelle divine harmonie
Résulte de leurs accords !

De sa puissance immortelle
Tout parle, tout nous instruit ;
Le jour au jour la révèle :
La nuit l'annonce à la nuit.
Ce grand et superbe ouvrage
N'est point pour l'homme un langage
Obscur et mystérieux :
Son admirable structure
Est la voix de la nature,
Qui se fait entendre aux yeux.

Dans une éclatante voûte
Il a placé de ses mains
Ce soleil qui, dans sa route,
Éclaire tous les humains.
Environné de lumière,
Cet astre ouvre sa carrière
Comme un époux glorieux
Qui dès l'aube matinale
De sa couche nuptiale
Sort brillant et radieux.

L'univers, à sa présence,
Semble sortir du néant.
Il prend sa course, il s'avance
Comme un superbe géant.
Bientôt sa marche féconde
Embrasse le tour du monde

Dans le cercle qu'il décrit ;
Et, par sa chaleur puissante,
La nature languissante
Se ranime et se nourrit.

O que tes œuvres sont belles,
Grand Dieu ! quels sont tes bienfaits !
Que ceux qui te sont fidèles
Sous ton joug trouvent d'attraits !
Ta crainte inspire la joie ;
Elle assure notre voie ;
Elle nous rend triomphants :
Elle éclaire la jeunesse,
Et fait briller la sagesse
Dans les plus faibles enfants.

Soutiens ma foi chancelante,
Dieu puissant ; inspire-moi
Cette crainte vigilante
Qui fait pratiquer ta loi.
Loi sainte, loi désirable,
Ta richesse est préférable
A la richesse de l'or ;
Et ta douceur est pareille
Au miel dont la jeune abeille
Compose son cher trésor,

Mais sans tes clartés sacrées,
Qui peut connaître, Seigneur,
Les faiblesses égarées
Dans les replis de son cœur ?

Prête-moi tes feux propices ;
Viens m'aider à fuir les vices
Qui s'attachent à mes pas :
Viens consumer par ta flamme
Ceux que je vois dans mon âme,
Et ceux que je n'y vois pas.

Si de leur triste esclavage
Tu viens dégager mes sens,
Si tu détruis leur ouvrage,
Mes jours seront innocents.
J'irai puiser sur ta trace
Dans les sources de ta grâce :
Et, de ses eaux abreuvé,
Ma gloire fera connaître
Que le Dieu qui m'a fait naître
Est le Dieu qui m'a sauvé.

ODE

TIRÉE DU CANTIQUE D'ÉZÉCHIAS.

J'ai vu mes tristes journées
Décliner vers leur penchant ;
Au midi de mes années
Je touchais à mon couchant :
La mort, déployant ses ailes,
Couvrait d'ombres éternelles
La clarté dont je jouis ;
Et, dans cette nuit funeste,
Je cherchais en vain le reste
De mes jours évanouis.

Grand Dieu, votre main réclame
Les dons que j'en ai reçus ;
Elle vient couper la trame
Des jours qu'elle m'a tissus :
Mon dernier soleil se lève ;
Et votre souffle m'enlève
De la terre des vivants,
Comme la feuille séchée,
Qui, de sa tige arrachée,
Devient le jouet des vents.

Comme un tigre impitoyable,
Le mal a brisé mes os ;
Et sa rage insatiable
Ne me laisse aucun repos.
Victime faible et tremblante,
A cette image sanglante
Je soupire nuit et jour ;
Et, dans ma crainte mortelle
Je suis comme l'hirondelle
Sous les griffes du vautour.

Ainsi, de cris et d'alarmes.
Mon mal semblait se nourrir ;
Et mes yeux, noyés de larmes,
Etaient lassés de s'ouvrir.
Je disais à la nuit sombre :
O nuit, tu vas dans ton ombre
M'ensevelir pour toujours!
Je redisais à l'aurore :

Le jour que tu fais éclore
Est le dernier de mes jours!

Mon âme est dans les ténèbres,
Mes sens sont glacés d'effroi :
Ecoutez mes cris funèbres,
Dieu juste, répondez-moi.
Mais enfin sa main propice
A comblé le précipice
Qui s'entr'ouvrait sous mes pas :
Son secours me fortifie,
Et me fait trouver la vie
Dans les horreurs du trépas.

Seigneur, il faut que la terre
Connaisse en moi vos bienfaits :
Vous ne m'avez fait la guerre
Que pour me donner la paix.
Heureux l'homme à qui la grâce.
Départ ce don efficace
Puisé dans ses saints trésors,
Et qui, rallumant sa flamme,
Trouve la santé de l'âme
Dans les souffrances du corps!

C'est pour sauver la mémoire
De vos immortels secours,
C'est pour vous, pour votre gloire,
Que vous prolongez nos jours.
Non, non, vos bontés sacrées
Ne seront point célébrées

Dans l'horreur des monuments :
La mort, aveugle et muette,
Ne sera point l'interprète
De vos saints commandements.

Mais ceux qui de sa menace,
Comme moi, sont rachetés
Annonceront à leur race
Vos célestes vérités.
J'irai, Seigneur, dans vos temples
Réchauffer par mes exemples
Les mortels les plus glacés,
Et, vous offrant mon hommage,
Leur montrer l'unique usage
Des jours que vous leur laissez.

ÉPITRE

A LOUIS RACINE.

De nos erreurs, tu le sais, cher Racine,
La déplorable et funeste origine
N'est pas toujours, comme on veut l'assurer,
Dans notre esprit facile à s'égarer;
Et sa fierté, dépendante et captive,
N'en fut jamais la source primitive :
C'est le cœur seul, le cœur qui le conduit,
Et qui toujours l'éclaire, ou le séduit.
S'il prend son vol vers la céleste voûte,

L'esprit docile y vole sur sa route ;
Si de la terre il suit les faux appas,
L'esprit servile y rampe sur ses pas.
L'esprit enfin, l'esprit, je le répète,
N'est que du cœur l'esclave ou l'interprète ;
Et c'est pourquoi tes divins précurseurs,
De nos autels antiques défenseurs,
Sur lui toujours se sont fait une gloire
De signaler leur première victoire.
Oui, cher Racine, et, pour n'en point douter,
Chacun en soi n'a qu'à se consulter.
Celui qui veut de mon esprit rebelle
Dompter, comme eux, la révolte infidèle,
Pour parvenir à s'en rendre vainqueur,
Doit commencer par soumettre mon cœur,
Et, plein du feu de ton illustre père,
Me préparer un chemin nécessaire
Aux vérités qu'Esther va me tracer
Par les soupirs qu'elle me fait pousser.
C'est par cet art que l'auteur de la grâce,
Versant sur toi sa lumière efficace,
Daigna d'abord, certain de son succès,
Toucher mon cœur dans tes premiers essais ;
Et qu'aujourd'hui consommant son ouvrage,
Et secondant ta force et ton courage,
Il brise enfin le funeste cercueil
Où mon esprit retranchait son orgueil,
Et grave en lui les derniers caractères
Qui de ma foi consacrent les mystères.
Quelle vertu, quels charmes tout-puissants
A son empire asservissent mes sens ?

Et quelle voix céleste et triomphante
Parle à mon cœur, le pénètre, l'enchante?
C'est Dieu, c'est lui, dont les traits glorieux
De leur éclat frappent enfin mes yeux.
Je vois, j'entends, je crois : ma raison même
N'écoute plus que l'oracle suprême.
Qu'attends-tu donc, toi dont l'œil éclairé
Des vérités dont il m'a pénétré,
Toi dont les chants, non moins doux que sublimes,
Se sont ouvert tous les divins abymes
Où sa grandeur se plait à se voiler;
Qu'attends-tu, dis-je, à nous les révéler,
Ces vérités qui nous la font connaître ?
Et que sais-tu s'il ne te fit point naître
Pour ramener ses sujets non soumis,
Ou consoler du moins ses vrais amis?
Dans quelle nuit, hélas! plus déplorable
Pourrait briller sa lumière adorable,
Que dans ces jours où l'ange ténébreux
Offusque tout de ses brouillards affreux;
Où, franchissant le stérile domaine
Donné pour borne à la sagesse humaine,
De vils mortels jusqu'au plus haut des cieux
Osent lever un front audacieux;
Où nous voyons enfin, l'osé-je dire?
La vérité soumise à leur empire,
Ses feux éteints dans leur sombre fanal,
Et Dieu cité devant leur tribunal?
Car ce n'est plus le temps où la licence
Daignait encor copier l'innocence,
Et nous voiler ses excès monstrueux

Sous un bandeau modeste et vertueux.
Quelque mépris, quelque horreur que mérite
L'art séducteur de l'infâme hypocrite,
Toujours pourtant, du scandale ennemi,
Dans ses dehors il se montre affermi,
Et, plus prudent que souvent nous ne sommes,
S'il ne craint Dieu, respecte au moins les hommes.
Mais, en ce siècle à la révolte ouvert,
L'impiété marche à front découvert :
Rien ne l'étonne; et le crime rebelle
N'a point d'appui plus intrépide qu'elle.
Sous ses drapeaux, sous ses fiers étendards,
L'œil assuré, courent de toutes parts
Ces légions, ces bruyantes armées
D'esprits subtils, d'ingénieux pigmées,
Qui, sur des monts d'arguments entassés,
Contre le ciel burlesquement haussés,
De jour en jour, superbes Encelades,
Vont redoublant leurs folles escalades ;
Jusques au sein de la divinité
Portent la guerre avec impunité;
Viendront bientôt, sans scrupule et sans honte,
De ses arrêts lui faire rendre compte ;
Et déjà même, arbitres de sa loi,
Tiennent en main, pour écraser la foi,
De leur raison les foudres toutes prêtes.
Y songez-vous, insensés que vous êtes?
Votre raison, qui n'a jamais flotté
Que dans le trouble et dans l'obscurité,
Et qui, rampant à peine sur la terre,
Veut s'élever au-dessus du tonnerre,

Au moindre écueil qu'elle trouve ici-bas
Bronche, trébuche, et tombe à chaque pas :
Et vous voulez, fiers de cette étincelle,
Chicaner Dieu sur ce qu'il lui révèle !
Cessez, cessez, héritage des vers,
D'interroger l'auteur de l'univers :
Ne comptez plus avec ses lois suprêmes,
Comptez plutôt, comptez avec vous-mêmes;
Interrogez vos mœurs, vos passions ;
Et feuilletons un peu vos actions.

 Chez des amis vantés pour leur sagesse,
Avons-nous vu briller votre jeunesse ?
Vous a-t-on vus, dans leur choix enfermés,
Et de leurs mains à la vertu formés,
Chérir, comme eux, la paisible innocence,
Vaincre la haine, étouffer la vengeance ;
Faire la guerre aux vices insensés,
A l'amour-propre, aux vœux intéressés ;
Dompter l'orgueil, la colère, l'envie,
La volupté des repentirs suivie ?
Vous a-t-on vus, dans vos divers emplois,
Au taux marqué par l'équité des lois
De vos trésors mesurer la récolte,
Et de vos sens apaiser la révolte ?
S'il est ainsi, parlez : je le veux bien.
Mais non : j'ai vu, ne dissimulons rien,
Dans votre vie au grand jour exposée,
Une conduite, hélas ! bien opposée ;
Une jeunesse en proie aux vains désirs,
Aux vanités, aux coupables plaisirs ;
Un fol essaim de beautés effrénées,

A la mollesse, au luxe abandonnées.
De faux amis, d'insipides flatteurs,
Furent d'abord vos sages précepteurs ;
Bientôt après, sur leurs doctes maximes,
En gentillesse érigeant tous les crimes,
Je vous ai vus, à titre de bel air,
Diviniser des idoles de chair,
Et mettre au rang des belles aventures
Sur leur pudeur vos victoires impures.
Je vous ai vus, esclaves de vos sens,
Fouler aux pieds les droits les plus puissants ;
Compter pour rien toutes vos injustices ;
Immoler tout à vos moindres caprices,
A votre haine, à vos affections,
A la fureur de vos préventions ;
Vouloir enfin, par vos désordres mêmes ;
Justifier vos désordres extrêmes ;
Et sans rougir, enflés par le succès,
Vous honorer de vos propres excès.
Mais, au milieu d'un si gracieux songe,
Ce ver caché, ce remords qui nous ronge,
Jusqu'au plus fort de vos dérèglements
Vous exposait à de trop durs tourments.
Il a fallu, parlons sans nulle feinte,
Pour l'étouffer, étouffer toute crainte,
Tout sentiment d'un fâcheux avenir ;
D'un Dieu vengeur chasser le souvenir ;
Poser en fait qu'au corps subordonnée
L'âme avec lui meurt ainsi qu'elle est née ;
Passer enfin de l'endurcissement
De votre cœur au plein soulèvement

De votre esprit ; car tout libertinage
Marche avec ordre ; et son vrai personnage
Est de glisser par degrés son poison
Des sens au cœur, du cœur à la raison.
De là sont nés, modernes Aristippes,
Ces merveilleux et commodes principes
Qui, vous bornant aux voluptés du corps,
Bornent aussi votre âme et ses efforts
A contenter l'agréable imposture
Des appétits qu'excite la nature.
De là sont nés, Epicures nouveaux,
Ces plans fameux, ces systèmes si beaux,
Qui, dirigeant sur votre prud'hommie
Du monde entier toute l'économie,
Vous ont appris que ce grand univers
N'est composé que d'un concours divers
De corps muets, d'insensibles atomes,
Qui par leur choc forment tous ces fantômes
Que détermine et conduit le hasard,
Sans que le ciel y prenne aucune part.
Vous voilà donc rassurés et paisibles ;
Et désormais, au trouble inaccessibles,
Vos jours sereins, tant qu'ils pourront durer,
A tous vos vœux n'ont plus qu'à se livrer.
Mais c'est trop peu. De si belles lumières
Luiraient en vain pour vos seules paupières ;
Et vous devez, si ce n'est par bonté,
En faire part, du moins par vanité,
A ces amis si zélés, si dociles,
A ces beautés si tendres, si faciles,
Dont les vertus, conformes à vos mœurs,

Vous ont d'avance assujetti les cœurs.
C'est devant eux que vos langues disertes
Pourront prêcher ces rares découvertes
Dont vous avez enrichi vos esprits :
C'est à leurs yeux que vos doctes écrits
Feront briller ces subtiles fadaises,
Ces arguments émaillés d'antithèses,
Ces riens pompeux avec art enchâssés
Dans d'autres riens fièrement énoncés,
Où la raison la plus spéculative
Non plus que vous ne voit ni fond ni rive.
Que tardez-vous? ces tendres nourrissons
Déjà du cœur dévorent vos leçons.
Ils comprendront d'abord, comme vous-mêmes,
Tous vos secrets, vos dogmes, vos problêmes,
Et, comme vous, bientôt même affermis
Dans la carrière où vous les aurez mis,
Vous les verrez, glorieux néophytes,
Faire à leur tour de nouveaux prosélytes ;
Leur enseigner que l'esprit et le corps,
Bien qu'agités par différents ressorts,
Doivent pourtant toute leur harmonie
A la matière éternelle, infinie,
Dont s'est formé ce merveilleux essaim
D'êtres divers émanés de son sein ;
Que ces grands mots d'âme, d'intelligence,
D'esprit céleste, et d'éternelle essence,
Sont de beaux noms forgés pour exprimer
Ce qu'on ne peut comprendre ni nommer :
Et qu'en un mot notre pensée altière
N'est rien au fond que la seule matière

Organisée en nous pour concevoir,
Comme elle l'est pour sentir et pour voir ;
D'où nous pouvons conclure, sans rien craindre,
Qu'au présent seul l'homme doit se restreindre ;
Qu'il vit et meurt tout entier ; et qu'enfin
Il est lui seul son principe et sa fin.
Voilà le terme où, sur votre parole,
Et sur la foi de votre illustre école,
Doit s'arrêter dans notre entendement
Toute recherche et tout raisonnement ;
Car de vouloir combattre les mystères
Où notre foi puise ses caractères,
C'est, dites-vous, grêler sur les roseaux.
Est-il encor d'assez faibles cerveaux
Pour adopter ces contes apocryphes
Du monachisme obscur hiéroglyphes ?
Tous ces objets de la crédulité
Dont s'infatue un mystique entêté
Pouvaient jadis abuser des Cyrilles,
Des Augustins, des Léons, des Basiles ;
Mais quant à vous, grands hommes, grands esprits,
C'est par un noble et généreux mépris
Qu'il vous convient d'extirper ces chimères,
Epouvantail d'enfants et de grand'mères.
Car aussi bien par où se figurer,
Poursuivez-vous, de pouvoir pénétrer
Dans ce qui n'est à l'homme vénérable
Qu'à force d'être à l'homme impénétrable ?
Quel fil nouveau, quel jour fidèle et sûr,
Nous guiderait dans ce dédale obscur ?
Suivre à tâtons une si sombre route,

C'est s'égarer, c'est se perdre. Oui, sans doute,
C'est s'égarer, j'en conviens avec vous,
Que de prétendre, avec un cœur dissous
Dans le néant des vanités du monde,
Dans les faux biens dont sa misère abonde,
Dans la mollesse et la corruption,
Dans l'arrogance et la présomption,
Vous élever aux vérités sublimes
Qu'ont jusqu'ici démenti vos maximes.
Non, ce n'est point dans ces obscurités
Qu'on doit chercher les célestas clartés.
Mais voulez-vous, par des routes plus sûres,
Vous élancer vers ces clartés si pures,
Dont autrefois, dont encor aujourd'hui
Tant de héros, l'inébranlable appui
Des vérités par le ciel révélées,
Font adorer les traces dévoilées,
Et tous les jours, pleins d'une sainte ardeur,
Dans leurs écrits consacrent la splendeur ?
Faites comme eux; commencez votre course
Par les chercher dans leur première source;
C'est la vertu dont le flambeau divin
Vous en peut seul indiquer le chemin.
Domptez vos cœurs, brisez vos nœuds funestes;
Devenez doux, simples, chastes, modestes;
Approchez-vous avec humilité
Du sanctuaire où gît la vérité;
C'est le trésor où votre espoir s'arrête.
Mais, croyez-moi; son heureuse conquête
N'est point le prix d'un travail orgueilleux,
Ni d'un savoir superbe et pointilleux.

Pour le trouver ce trésor adorable,
Du vrai bonheur principe inséparable,
Il faut se mettre en règle, et commencer
Par asservir, détruire, terrasser
Dans notre cœur nos penchants indociles ;
Par écarter ces recherches futiles
Où nous conduit l'attrait impérieux
De nos désirs follement curieux ;
Par fuir enfin ces amorces perverses,
Ces amitiés, ces profanes commerces,
Ces doux liens que la vertu proscrit,
Charme du cœur, et poison de l'esprit.
Dès qu'une fois le zèle et la prière
Auront pour vous franchi cette barrière,
N'en doutez point, l'auguste vérité
Sur vous bientôt répandra sa clarté.
Mais, direz-vous, ce triomphe héroïque
N'est qu'une idée, un songe platonique.
Quoi ! gourmander toutes nos voluptés ?
Anéantir jusqu'à nos volontés ?
Tyranniser des passions si belles ?
Répudier des amis si fidèles ?
Vouloir de l'homme un tel détachement,
C'est abolir en lui tout sentiment,
C'est condamner son âme à la torture,
C'est en un mot révolter la nature,
Et nous prescrire un effort incertain,
Supérieur à tout effort humain.

Vous le croyez : mais, malgré tant d'obstacles,
Dieu tous les jours fait de plus grands miracles ;
Il peut changer nos glaçons en bûchers,

Briser la pierre, et fondre les rochers.
Tel aujourd'hui, dégagé de sa chaîne,
N'écoute plus que sa voix souveraine,
Et, de lui seul faisant son entretien,
Voit tout en lui, hors de lui ne voit rien,
Qui, comme vous commençant sa carrière,
Ferma long-temps les yeux à la lumière,
Et qui peut-être envers ce Dieu jaloux
Fut autrefois plus coupable que vous.

Pour toi, rempli de sa splendeur divine,
Toi qui, rival et fils du grand Racine,
As fait revivre en tes premiers élans
Sa piété non moins que ses talents,
Je l'avoûrai; quelques rayons de flamme
Que par avance eût versé dans mon âme
La vérité qui brille en tes écrits,
J'en eusse été peut-être moins épris,
Si de tes vers la chatouilleuse amorce
N'eût secondé sa puissance et ta force,
Et si mon cœur, attendri par tes sons,
A mon esprit n'eût dicté ses leçons.

FIN.

LIMOGES. — IMPRIMERIE DE BARBOU FRÈRES.

www.ingramcontent.com/pod-product-compliance
Lightning Source LLC
Chambersburg PA
CBHW060407170426
43199CB00013B/2034